Wie leitet man eine Versammlung?

Geschäftlicher Handweiser für Vorsitzende.

Von
einem Mitglied des deutschen Reichstages und des
preußischen Abgeordnetenhauses.

Zweite Auflage.

Motto:
Fortiter in re, suaviter in modo.

Berlin 1908.
J. Guttentag, Verlagsbuchhandlung,
G. m. b. H.

Inhalt.

Vorwort zur ersten Auflage.

Ein zu Kopenhagen im Jahre 1893 erschienenes Buch des Rechtsanwalts Heckscher mit dem Titel: ‚Haandbog for Drigenter' hat sich zur Aufgabe gestellt,

> den Vorsitzenden auf beratenden und beschließenden Versammlungen Anleitung zu geben, die Verhandlungen und Abstimmungen in der möglichst besten Weise zu leiten.

Dies Werk, aufgebaut auf den parlamentarischen Gebräuchen und Satzungen der Kulturstaaten, verdient gewiß eine besondere Beachtung, indem dasselbe den Vorsitzenden der zahlreichen, verschieden gestalteten Vereine — der politischen wie unpolitischen — einen Handweiser für die Amtsführung bietet, und hierbei ein litterarisch noch wenig bearbeitetes Feld behandelt. Da zu solchen Vorsitzenden meistens parlamentarisch nicht geschulte Männer ausgewählt werden, kann das Bedürfnis zur Feststellung von Grundsätzen, welche bei dem Vorsitze zu beachten sind, sicherlich nicht in Abrede gestellt werden. Das in dänischer Sprache abgefaßte Buch ist mir nun mit Bewilligung des Verfassers zur beliebigen Benutzung überwiesen mit dem Anheimgeben, ob ich dasselbe seinem Inhalte nach durch Übertragen ins deutsche oder durch sonstige Bearbeitung dem deutschen Volke, in welchem das Vereinsleben besonders stark ausgebildet ist, zugänglich machen wolle. Bei einer Prüfung dieser Frage habe ich mich entschlossen, den Gegenstand des Heckscherschen Werkes unter Anlehnung an dessen systematische Anordnung einer wesentlich neuen Bearbeitung zu unterziehen und hierbei das von jenem Verfasser gebotene Material einerseits durch Erörterungen, welche dem deutschen Vereinsrechte und Parlamentsgebrauche entnommen sind, zu ergänzen, andererseits durch Streichung mancher an sich schätzenswerter, aber dem größeren Publikum kaum verständlicher, namentlich dem Parlamentsgebrauche überseeischer Länder entnommener Ausführungen einzuschränken. Mein Buch soll in populärer, gemeinverständlicher Fassung einen praktischen Ratgeber für die Vorsitzenden — zunächst der deutschen Vereine — in der oben angegebenen Tendenz, welche das Heckschersche Werk verfolgt, darstellen.

Unter dem Ausdruck „Verein" im Sinne meines Buches sollen aber nicht nur frei gegründete Vereine im engeren Sinne, zu patriotischen, wissenschaftlichen, kirchlichen, wohltätigen, geselligen Zwecken, zur Erholung, Leibesübung, zum Vergnügen usw., sondern auch Vereinigungen aller Art auf gesetzlicher Grundlage (Aktien-, Genossenschafts-, Krankenkassengesetz, Gemeindeordnung, Städteordnung, Kreisordnung, Kirchenvermögensgesetze usw.) zu gemeinsamen rechtlichen und wirtschaftlichen Zwecken verstanden werden. Wiewohl bei Vereinigungen der letzteren Art besonders die für sie erlassenen Geschäftsordnungen und Instruktionen dem Vorsitzenden zur Richtschnur dienen müssen, so wird doch soweit solche sich im einzelnen nicht aussprechen, den Vorsitzenden auch dieser Körperschaften mancher Fingerzeig für ihre Amtstätigkeit geboten werden können.

Das Buch verfolgt keinen politischen Zweck, ist nicht im Interesse irgend einer bestimmten Partei geschrieben, kann aber gleichwohl in politischen Vereinen zur ordnungsmäßigen Erledigung ihrer Aufgaben zur Benutzung kommen.

Da dieser Handweiser zum Gebrauche für Mitglieder der verschiedensten Volksklassen bestimmt ist, so hat sich nicht vermeiden lassen, die Vorgänge in Versammlungen einer umständlicheren Darstellung zu unterziehen, als solches manchem Leser, welcher mit der Geschäftstätigkeit der Vereine einigermaßen vertraut ist, geboten erscheinen dürfte. Der Verfasser glaubte aber im Interesse anderer, welche eine geringere Erfahrung auf diesem Gebiete besitzen, doch eine breitere Schilderung wählen zu sollen, um sich nicht dem Vorwurf ungenügender Verständlichkeit auszusetzen. — Für geschulte Parlamentarier ist das Buch nicht bestimmt.

Vorwort zur zweiten Auflage.

Seit Erscheinen dieses Buchs hat die Gesetzgebung Deutschlands hinsichtlich des Vereinsrechts durch das Bürgerliche Gesetzbuch und das Reichsvereinsgesetz vom 19. April 1908 eine so weitgehende Aenderung erfahren, daß die in der ersten Auflage erfolgte Bezugnahme auf die Bestimmungen des Allgemeinen Landrechts und auf die Landesgesetze über die politischen Vereine bedeutungslos geworden ist. Es machte deshalb die veränderte Rechtslage eine Umarbeitung erforderlich, in welcher namentlich die im Anhange der ersten Auflage abgedruckte preußische Verordnung vom 11. März 1850 durch das Reichsvereinsgesetz vom 19. April 1908 (RGBl. S. 151) mit der Preußischen Ausführungsverordnung ersetzt, auch ein Auszug aus dem Bürgerlichen Gesetzbuche beigefügt ist.

Berlin, im Juni 1908.

Einleitung.

Die Frage, wie ein Vorsitzender eine Versammlung zu leiten hat, beantwortet sich in erster Stelle nach dem Statut der Vereinigung, in welcher der Vorsitz zu führen ist. Vereinsstatuten enthalten in der Regel für den Vorsitzenden gewisse Normen namentlich darüber, auf welchen Gegenstand die Beratung und Beschlußfassung sich erstrecken kann, auf welche Art die Versammlungen zu berufen und die Tagesordnungen bekannt zu machen sind, auch mit welcher Stimmenzahl die Beschlüsse gefaßt werden können. Diese Vereinsstatuten sind für den Vorsitzenden, welcher sein Recht selbst nur auf statutenmäßigem Wege erhalten hat, verpflichtendes Gesetz. Der Vorsitzende muß, bevor er das Amt annimmt, die Statuten studieren und sich prüfen, ob er sich befähigt fühlt, denselben gemäß den Verein zu leiten.

Soweit nun die Statuten keine Vorschriften für die Geschäftsbesorgung des Vorsitzenden enthalten, kommen gesetzliche Bestimmungen in Betracht, welche teils für einzelne Arten von Vereinen, teils für Vereine im allgemeinen ergangen sind. In ersterer Beziehung sind zu erwähnen die zahlreichen Spezialgesetze des Reichs und der Bundesstaaten über gewisse rechtsfähige Vereinigungen, wie z. B. im Reiche über die Aktiengesellschaften, die Erwerbs-, Wirtschafts- und Berufsgenossenschaften, in den Bundesstaaten über Forst-, Fischerei- und bergrechtliche Vereinigungen. Auf diese besonderen Gesetze ist aber hier nicht näher einzugehen. Denn alle diejenigen, welche zu Vorsitzenden solcher Vereinigungen berufen werden, können ihr Amt nicht übernehmen, wenn sie sich nicht mit dem Inhalte der für sie in Betracht kommenden Einzelgesetze vertraut gemacht haben.

Hier sollen nur die allgemeinere Geltung habenden Bestimmungen des Bürgerlichen Gesetzbuchs und des Reichsvereinsgesetzes besonders hervorgehoben werden, deren Wortlaut im Anhange teils auszugsweise, teils vollständig abgedruckt ist. Das Bürgerliche Gesetzbuch behandelt in den §§ 21—53 und 55—79 nur rechtsfähige Vereine, d. h. juristische Personen, und unterscheidet hierbei zwischen solchen, deren Zweck auf einen wirtschaftlichen Geschäftsbetrieb gerichtet ist (§ 22), welche also als Erwerbsvereine bezeichnet werden können und ihre Rechtsfähigkeit durch staatliche Verleihung erlangen, und solchen, deren Zweck nicht auf einen wirtschaftlichen Geschäftsbetrieb gerichtet ist (§ 21), und welche als ideale Vereine bezeichnet werden können, indem sie namentlich gemeinnützigen, wohltätigen, geselligen, künstlerischen und wissenschaftlichen Zwecken dienen und die Rechtsfähigkeit durch Eintragung in ein amtsgerichtliches Vereinsregister erlangen.

Die staatliche Verleihung für die Vereine der ersteren Art geschieht im Falle, daß sie in einem Bundesstaate ihren Sitz haben, durch die in den einzelnen Staaten dazu landesrechtlich berufenen Organe, in Preußen durch die zuständigen Minister nach Maßgabe der Kgl. Verordnung vom 16. November 1899. Die Vereine der anderen Art haben durch ihren Vorstand den Verein beim Amtsgerichte ihres Sitzes zur Eintragung anzumelden (§ 59), welches, falls ihm die für die Eintragung erforderlichen Vorbedingungen (§§ 56—59) erbracht sind, der zuständigen Verwaltungsbehörde die Anmeldung zur Genehmigung mitteilt (§ 61). Letztere Behörde kann binnen sechs Wochen gegen die Eintragung Einspruch erheben, „wenn der Verein nach dem öffentlichen Vereinsrecht unerlaubt ist oder verboten werden kann, oder wenn er einen politischen, sozialpolitischen oder religiösen Zweck verfolgt" (§ 61). Der Einspruch wird im Verwaltungsstreitverfahren erledigt (§ 62). Wird der Einspruch nicht erhoben oder endgültig aufgehoben, so erhält der Verein die Zusatzbezeichnung „eingetragener Verein" und wird in das Vereinsregister eingetragen (§§ 63, 65).

Betreffs der rechtsfähigen Vereine wird nun noch Bestimmung getroffen über das Erfordernis eines Vorstands, sowie dessen Vertretungsmacht, Bestellung und Geschäftsführung (§§ 26—30), die Haftung des Vereins für schädigende Handlungen des Vorstands (§ 31), die Mitgliederversammlung und deren Berufung und Beschlußfassung (§§ 32—36), den Austritt aus dem Verein (§ 39), seine Auflösung und Liquidation (§§ 41—53).

Für die eingetragenen Vereine sind insbesondere aufgeführt Vorschriften über die Erfordernisse zur Anmeldung (§§ 56—59), das Verfahren vor dem Amtsgericht und der Verwaltungsbehörde (§§ 60—66,

78), Änderung und Legitimation des Vorstands (§§ 67—70), Änderung der Satzung (§ 71), Auflösung und Liquidation (§§ 73—77).

Alle Vereine, die nicht rechtsfähig sind, welche also weder durch Spezialgesetz noch durch staatliche Verleihung, noch durch Eintragung ins Vereinsregister die Rechtsfähigkeit erlangt haben, behandelt das Bürgerliche Gesetzbuch nach den Vorschriften über den Gesellschaftsvertrag (§§ 54, 705—740), so daß nicht der Verein als Rechtseinheit, sondern die einzelnen Mitglieder berechtigt und verpflichtet werden. So kann z. B. das Grundstückseigentum nicht auf den Namen des Vereins, sondern nur auf den der einzelnen Mitglieder eingetragen werden. Doch haben diese Vereine eine gewisse passive Rechtsfähigkeit, als sie verklagt und mit Zwangsvollstreckung in ihr Vermögen belangt werden können (§§ 50, 735 Civilprozeßordnung), über ihr Vermögen auch das Konkursverfahren zulässig ist (§ 213 Konkursordnung).

Für politische Vereine und Versammlungen sind durch das Reichsvereinsgesetz vom 19. April 1908 polizeiliche Schranken gesetzt, welche der Vorsitzende genau beachten muß, zumal er sich durch Übertretung des Gesetzes strafbar machen kann. Das Gesetz ist deshalb im Anhange mit der dazu für Preußen erlassenen Ausführungsverordnung des Ministers des Innern vom 8. Mai 1908 vollständig abgedruckt. Die im § 12 Abs. 4 des Gesetzes vorgesehenen Ausnahmen hinsichtlich des Gebrauchs fremder Sprachen haben nach den Bevölkerungsverhältnissen vor allem für Preußen Bedeutung und sind in dieser Verordnung aufgeführt. Oft ist schwierig festzustellen, unter welchen Bedingungen ein Verein oder eine Versammlung als politisch anzusehen ist. Denn der § 3 des Gesetzes, welcher als politisch einen Verein bezeichnet, „der eine Einwirkung auf politische Angelegenheiten bezweckt", ist nicht geeignet, den Begriff klarzulegen. Zudem ist nicht zu übersehen, daß der § 12 für die Verhandlungen in öffentlichen Versammlungen den Gebrauch der deutschen Sprache vorschreibt, ohne diese Bestimmung auf politische Versammlungen zu beschränken. Auch der Begriff der Öffentlichkeit ist im Gesetze nicht definiert. Man wird dabei der letzthin in der Presse mitgeteilten Ansicht des Reichsgerichts (aus einer bezüglich des Versammlungsrechts ergangenen Entscheidung vom 5. Mai 1908) folgen können, es seien „Versammlungen, zu denen eine größere Anzahl von Personen eingeladen ist, nur dann als nichtöffentliche anzusehen, wenn diese Personen durch gewisse Beziehungen miteinander verbunden sind und wenn zugleich in der Art der Einladung sowie bei der Abhaltung der Versammlungen die Beschränkung derselben auf einen individuell beschränkten Personenkreis zum Ausdruck gekommen ist".

Besonders beachtenswert ist ferner, daß nach dem Gesetze Frauen bezüglich des Rechts der Teilnahme an Vereinen und Versammlungen, also auch hinsichtlich der Leitung, den Männern gleichgestellt sind. Anderseits ist Personen unter 18 Jahren nach § 17 die Mitgliedschaft an politischen Vereinen und die Teilnahme an deren (nicht nur geselligen) Versammlungen sowie überhaupt an öffentlichen politischen Versammlungen untersagt, und wird nach § 18 bestraft der Vorstand, welcher solche Personen im Verein duldet, aber auch die jugendliche Person, welche verbotswidrig an einer Versammlung teilnimmt.

Wenn das Gesetz grundsätzlich über Vereine und Versammlungen die reichsgesetzlichen Vorschriften aufrecht erhält und die landesrechtlichen Vorschriften aufhebt, so sind doch in den §§ 23 und 24 nach beiden Richtungen Ausnahmen gemacht.

Weiter hier auf das Gesetz einzugehen, empfiehlt sich nicht, da ein Vorsitzender, auf welchen es Anwendung findet, sich ohnehin nicht mit der Kenntnisnahme eines Auszugs begnügen darf, sondern von seinem Inhalte in ganzem Umfange unterrichtet sein muß.

In den gesetzlichen und statutarischen Bestimmungen wird ein Vorsitzender für die meisten Fragen, welche an ihn in Betreff der einzuschlagenden Wege für die Geschäftsführung herantreten, eine Auskunft nicht finden. Zwar wird ihm der gesunde Menschenverstand und das Taktgefühl vielfach zum Richtigen leiten, aber immerhin werden ihm die nachstehenden Darlegungen, welche aus dem Geschäftsgebrauche der Vereine, namentlich auch der gesetzgebenden Körperschaften, entnommen sind, für seine Amtsführung von Nutzen sein.

Solche Geschäftsgebräuche, welche in zahlreichen Vereinen Eingang gefunden haben, können zwar nicht als zwingendes Gewohnheitsrecht für alle anderen

Vereine gelten, enthalten aber auch für die Vorsitzenden der letzteren Ratschläge, welche zu berücksichtigen oder außer acht zu lassen einem verständigen Ermessen, je nach den Umständen, überlassen bleiben muß. Sie bilden immerhin eine feste Grundlage, auf welche sich die Vorsitzenden in Zweifelsfällen stellen können, ohne sich dem Vorwurf eines willkürlichen Vorgehens auszusetzen.

I. Wahl des Vorsitzenden.

Wenn ein Verein sich konstituiert, muß zunächst bestimmt werden, **wer den Vorsitz** in demselben übernehmen soll. Diese Bestimmung kann im Einzelfalle durch Gesetz getroffen sein, wird aber in der Regel **durch Wahl** erfolgen müssen. Zu diesem Behufe eröffnet der Einberufer der Versammlung die Sitzung mit einem kurzen Hinweise auf den Zweck derselben und fordert sodann die Erschienenen auf, einen Vorsitzenden zu wählen, für welchen Wahlakt er einen provisorischen Schriftführer ernennt.

Die Wahl des Vorsitzenden wird nun, je nachdem sich die Konstituierung des Vereins auf Grund eines bereits bestehenden Statuts vollzieht oder ein solches erst beraten und angenommen werden soll, eine provisorische oder definitive sein können.

Wird der Vorsitzende nur provisorisch für die Zeit bis der Verein sich auf Grund beratener Statuten einen Vorsitzenden wählen kann, aufgestellt, so empfiehlt sich die Wahl **durch Akklamation** (Zuruf) vorzunehmen. Dies geschieht in der Weise, daß derjenige, welcher zunächst das Wort ergreift, eine bestimmte Person als Vorsitzenden vorschlägt mit dem Bemerken: erfolge kein Widerspruch, so werde angenommen, daß alle Anwesenden mit diesem Wahlverfahren und mit der Person des zu Wählenden einverstanden seien. Erhebt nach einigen Sekunden Pause niemand Widerspruch, so verkündet der Sprecher die genannte Person als Vorsitzenden und übernimmt dann dieser die weitere Leitung der Versammlung.

Vielfach ist es auch Brauch, daß **das älteste Mitglied** der Versammlung (Alterspräsident) den provisorischen Vorsitz übernimmt. Die Ermittelung des ältesten Mitgliedes erfolgt auf dem Wege, daß eine Person von höherem Lebensalter aus der Versammlung sich meldet mit der Angabe ihres Geburtsjahres und mit der Anfrage, ob jemand von den Anwesenden ein höheres Alter habe. Meldet sich dann eine ältere Person, so fragt auch letztere wieder in gleicher Weise an, und so stellt sich alsbald mangels weiterer Meldung heraus, wer der Älteste ist.

Findet aber der Vorschlag, einen provisorischen Vorsitzenden durch Akklamation zu wählen, oder die Übernahme des Vorsitzes durch den Ältesten, Widerspruch aus der Versammlung heraus, so muß zur Wahl eines Vorsitzenden in ordnungsmäßiger Form geschritten werden*).

Diese Wahl wird der Regel nach durch **Stimmzettel** bewirkt in der Weise, daß der Sprecher Zettel (von gleicher Größe und gleicher Farbe) an die Versammlung verteilt, und außer dem Schriftführer noch ein oder zwei Skrutatoren — als Gehilfen und Kontrolleure — zu dem Wahlakte zuzieht. Es schreibt sodann ein jeder der Anwesenden auf den Zettel den Namen des zu Wählenden, der Schriftführer oder einer der Skrutatoren sammelt die Zettel in ein Gefäß (Urne, Hut) und trägt sie zum Tische des Leiters der Versammlung. Dort werden die Zettel einzeln von dem letzteren (oder von einem Skrutator) herausgenommen, geöffnet und verlesen. Die Zettel gehen nunmehr in die Hand eines (oder auch des zweiten) Skrutators, welcher sich von der Richtigkeit der Verlesung überzeugt und die Zettel aufeinander legt**). Der Schriftführer, kontrolliert durch einen Skrutator (oder den Sprecher), verzeichnet dann die einzelnen Namen der Gewählten mit der Anzahl der Stimmen auf besonderem Blatte und trägt das Gesamtresultat der Wahl

*) Auch für die Wahl des definitiven Vorsitzenden empfiehlt sich, diese Form für gewöhnlich in Anwendung zu bringen, wenngleich die Wahl durch Zuruf hierbei nicht gerade ausgeschlossen ist.

**) Sollte eine Anfechtung der Wahl in Aussicht stehen, so würde es angemessen sein, die Stimmzettel in einen Umschlag einzusiegeln und aufzubewahren.

in das Protokoll ein. Ergibt sich das Resultat, daß ein Gewählter mehr als die Hälfte der abgegebenen Stimmen erhalten hat (**absolute Mehrheit**), so proklamiert der Leiter diese Person als den erwählten Vorsitzenden. Hat aber sich solche Mehrheit über die Hälfte der Stimmen nicht ergeben, so findet eine **engere Wahl** statt (sog. Stichwahl), wobei diejenigen beiden Personen, welche die meisten Stimmen von allen Gewählten (relative Mehrheit) erhalten haben, nur noch allein als Kandidaten in Betracht kommen*).

Zeigt sich hierbei, daß eine dritte Person eine gleich große Stimmenzahl erhalten hat, so entscheidet das (von dem Leiter zu ziehende) **Los** darüber, wer von diesen an der engeren Wahl teilzunehmen hat. Es erneuert sich bei dieser engeren Wahl das Verteilen der Stimmzettel und des Wahlverfahrens mit der Maßgabe, daß jeder der Anwesenden einen der beiden Namen auf die Zettel zu schreiben hat. Stellt sich bei der Verlesung heraus, daß der Name eines Dritten, oder etwa beide Namen auf einen Zettel geschrieben worden, so ist der betreffende **Stimmzettel ungültig**. Erhalten beide Gewählte die gleiche Stimmenzahl, so entscheidet zwischen ihnen das **Los**.

Der Gewählte hat sich sofort über die **Annahme der Wahl** zu erklären.

Schlägt er die Wahl aus, so muß eine nochmalige Wahl stattfinden, falls nicht etwa der Vorschlag des Leiters, denjenigen, welcher die zweitgrößte Anzahl von Stimmen auf sich vereinigt hat, zu erwählen — bzw. zwischen denen,

*) In einzelnen Parlamenten ist für die Präsidentenwahl vorgeschrieben, daß nicht unter den zwei Personen, welchen die meisten Stimmen zugefallen sind, die engere Wahl stattfinde, sondern zwischen mehreren Personen (im Reichs- und im preußischen Landtage zwischen 5 Personen, in der bayrischen Kammer zwischen 3 Personen) und daß erst, wenn auch hier nicht absolute Majorität erzielt wird, zwischen zwei Personen, welche die meisten Stimmen erhalten haben, nunmehr die nochmalige engere Wahl stattfindet.

welche die zweit- und drittmeisten Stimmen erhalten haben, die engere Wahl vorzunehmen — widerspruchslos genehmigt wird.

Der erwählte Vorsitzende übernimmt nach der Annahmeerklärung sofort den Vorsitz der Versammlung, wobei es angemessen ist, daß er in kurzen Worten dem Einberufer für die bisherige Leitung der Versammlung dankt und sodann mit Dank für das geschenkte Vertrauen die Versammlung um ihr Wohlwollen, um Nachsicht und Unterstützung für seine Geschäftsführung bittet.

Er läßt alsbald die Wahl seines **Stellvertreters**, eines **Schriftführers** und dessen Stellvertreters vornehmen.

Was den stellvertretenden Vorsitzenden anbetrifft, so würde sich der obige Wahlakt erneuern müssen, wenn sich die Versammlung nicht herbeiläßt, ein vom Vorsitzenden bezeichnetes Mitglied, wozu sich namentlich dasjenige eignet, welches die zweitmeisten Stimmen bei der Vorsitzendenwahl erhalten hatte, durch Akklamation zu erwählen.

Die **Schriftführerwahl** kann dem Vorsitzenden unbedenklich überlassen werden. Er kann die Schriftführer selbst ernennen; nur auf ausdrücklichen Widerspruch aus der Versammlung heraus wird zu einer besonderen Wahl geschritten werden müssen.

Falls die Ernennung durch den Vorsitzenden erfolgt, empfiehlt sich, den vom Sprecher vorläufig ernannten Schriftführer auch als definitiven Schriftführer **beizubehalten.**

Mit dieser Wahl würde an sich die konstituierende Versammlung ihr Ende haben, wenn nicht etwa für die Tagesordnung bei Berufung der Versammlung noch weitere Gegenstände angekündigt sind. Ist letzteres nicht geschehen, so verkündet der Vorsitzende nach Möglichkeit den Tag und die Stunde sowie den Gegenstand der Tagesordnung für die nächste Sitzung und schließt die Versammlung.

II. Tätigkeit des Vorsitzenden im allgemeinen.

Der Vorsitzende hat, wie es ihm Gesetz und Statut vorschreibt, **nach außen den Verein zu vertreten.** Seine Haupttätigkeit aber besteht in der **Leitung der Vereinsversammlungen**.

1. Jede Versammlung ist zunächst in geeigneter Weise vorzubereiten durch **Verkündung der Tagesordnung** (d. h. des Beratungsgegenstandes) und **Ladung** der Mitglieder.

Was die Tagesordnung betrifft, so wird sie der Regel nach am Schlusse einer Sitzung für die folgende Sitzung festgesetzt, indem die Beratungsgegenstände durch den Vorsitzenden mündlich bekanntgegeben werden. Diese Mitteilung muß in deutlicher Weise erfolgen, so daß die Mitglieder ermessen können, wie sie sich auf die Debatte vorzubereiten haben und inwieweit ihr Erscheinen in der Sitzung erforderlich ist, oder ob etwa — mangels Interesses an dem Gegenstande — ein Fernbleiben von der Sitzung sich rechtfertigen lasse. Allgemeine Angaben, wie z. B. Beratung über Statutenänderung, Wahlangelegenheit usw., genügen nicht, es muß vielmehr erkennbar gemacht werden, um welche Statutenbestimmung es sich handelt und welche Wahl stattfinden soll. Ist die Tagesordnung nicht bereits beim Schlusse der letzten Sitzung bekanntgegeben, so muß sie bei der Ladung den Mitgliedern mitgeteilt werden.

Ob noch außer der Verkündung durch den Vorsitzenden eine besondere Ladung der Mitglieder erforderlich ist, bestimmt sich wieder nach Gesetz und Statut. Mangels spezieller Vorschrift kann angenommen werden, daß, wenn durch den Vorsitzenden die Tagesordnung mit Zeit und Ort der Sitzung mündlich bekannt gemacht ist, den bei dieser Verkündung gegenwärtigen Mitgliedern eine besondere Ladung nicht mehr zuzusenden ist: es genügt, daß nur die Abwesenden mittels **Postkarte** eingeladen werden. Wenn aber für die ordnungsmäßige Ladung auch der Nachweis der Zustellung des Einladungsschreibens zu den Sitzungen erfordert wird, müßte für alle Mitglieder die Form des Einschreibebriefes oder die Zusendung eines Kurrendeschreibens durch einen Boten, welcher die Vorzeigung der Ladung sich bescheinigen läßt, gewählt werden. Ob die Ladung vorschriftsmäßig erfolgt ist, hat der Vorsitzende vor Eröffnung der Sitzung durch Einsicht der Belege dann zu prüfen.

Ferner hat der Vorsitzende auch darauf zu achten, daß das **Sitzungslokal** in geeigneter Beschaffenheit zur Verfügung gestellt wird und daß durch ein hierzu etwa anzunehmendes Personal für Reinigung, Heizung, Beleuchtung, Aufstellen von Tischen und Stühlen gesorgt wird. Endlich muß die eventuell nach den Gesetzen (für politische Vereine) etwa vorgeschriebene **polizeiliche Anmeldung** der Versammlung rechtzeitig bewirkt werden.

2. Zu Beginn der Sitzung erhebt sich der Vorsitzende von seinem Platze mit der Erklärung, daß er die **Sitzung eröffne**, und schließt hieran geschäftliche Mitteilungen über die eingegangenen Briefe*), über

*) Ob die Eingänge zu verlesen oder zur Einsicht auszulegen sind, oder ob Inhaltsangabe genügt, darüber hat der Vorsitzende zu befinden. An den Verein gerichtete Schreiben sind selbstverständlich **auf Verlangen** jedem Mitgliede zugänglich zu machen.

die ordnungsmäßige Einberufung der Versammlung*), über das Ausliegen des Protokolls der vorigen Sitzung und über den Gegenstand der Tagesordnung, welcher hierbei nochmals bekannt zu geben ist. Sind zu diesem Gegenstande Anträge eingegangen, so sind diese gleichfalls zu verkünden.

Der Vorsitzende kann auch an die Mitteilung der Tagesordnung, falls ein Berichterstatter (Referent) über letztere nicht bestellt ist, eine kurze Erläuterung des Verhandlungsgegenstandes knüpfen, welche sich aber in den engsten Grenzen halten muß, da es der Regel nach nicht angängig ist, daß ein Vorsitzender zu sachlichen Ausführungen das Wort nimmt, ohne den Vorsitz inzwischen abzutreten. Will der Vorsitzende sich an der Debatte beteiligen, was jedoch in Rücksicht darauf, **daß der Vorsitzende über den streitenden Parteien stehen soll** (S. 26), möglichst zu vermeiden ist, so muß er zuvor den stellvertretenden Vorsitzenden um die Übernahme des Vorsitzes bitten und unter den Mitgliedern seinen Platz wählen**). Bei Erörterungen,

*) Sollte sich ergeben, daß die Versammlung nicht vorschriftsmäßig berufen ist, so würde eine Vertagung stattfinden müssen, und nur etwa in eine vorberatende Diskussion eingetreten werden können. Erfordern die Satzungen die Anwesenheit einer bestimmten Zahl von Mitgliedern zur Beratung oder zum Beschlusse, so ist auch vor Eintritt in die Beratung bzw. Beschlußfassung vom Vorsitzenden festzustellen, daß diesem Erfordernis genügt ist.

**) Obenstehende Regel gilt namentlich nicht für gewisse politische Körperschaften, in welchen der Vorsitzende kraft des Gesetzes bestimmt wird und nicht nur der Leiter der Versammlung ist, sondern auch meistens (mangels Ernennung eines besonderen Referenten) über die einzelnen Diskussions-Gegenstände Bericht zu erstatten und sein Votum abzugeben hat, wie z. B. in den Sitzungen der Kreisvertretungen, der Kirchenvorstände, Gemeindevertretungen usw. In allen solchen Versammlungen spricht der Vorsitzende, als der Hauptredner, von seinem gewöhnlichen Platze aus.

welche die Leitung der Versammlung betreffen und zur Geschäftsordnung gehören, behält dagegen der Vorsitzende, wenn er Bemerkungen zu machen hat, den Vorsitz bei.

Nach Mitteilung der Tagesordnung und der dazu bereits eingegangenen Anträge beginnt die **Debatte.** Hat sich noch kein Redner zum Wort gemeldet, so fragt der Vorsitzende die Versammelten, ob jemand von ihnen das Wort zu nehmen wünsche und erteilt eventuell dem sich Meldenden das Wort. Sind aber schon zuvor Meldungen zum Worte eingegangen, so verzeichnet der Vorsitzende oder der Schriftführer dieselben der Zeit nach auf einen Zettel (Rednerliste) und **erteilt das Wort dieser Reihenfolge gemäß.**

Es ist auch wohl parlamentarisch eingeführt, die Reihenfolge der Redner in der Weise zu bestimmen, daß zunächst ein Redner gegen die Vorlage, sodann ein Redner für die Vorlage zum Wort kommt und daß in dieser Reihenfolge auch ferner — solange es möglich ist — unter den Rednern abgewechselt wird. Soll in dieser Weise die Aufstellung der Rednerliste erfolgen, so muß ein jeder, welcher sich zum Worte meldet, was am besten durch Abgabe eines Zettels mit Namensbezeichnung geschieht, seiner Meldung das Wort „gegen" oder „für" beifügen.

Bei zahlreichen Meldungen und namentlich dann, wenn die sich Meldenden den Tisch des Vorsitzenden gleichzeitig umdrängen, empfiehlt sich, den Schriftführer die Reihenfolge durch Losen bestimmen zu lassen, in der Weise, daß sämtliche Meldezettel in eine Urne gelegt und dann einzeln herausgenommen werden.

Findet eine Vertagung der Diskussion statt, so behält die Rednerliste auch für die Fortsetzungssitzung ihre Gültigkeit.

Es ist jedoch für die Verstattung zum Worte nicht allein die Zeitfolge der Meldung entscheidend, sondern die Redner sind auch noch besonders dem Gegenstande nach wie folgt zu gruppieren:

a) **Zuerst erhalten das Wort der Antragsteller*) zur Begründung seines Antrags und der Berichterstatter, welcher von dem Vorsitzenden oder durch Beschluß einer früheren Versammlung mit dem Referate beauftragt ist.**

Der Berichterstatter hat die Gründe für und gegen die Vorlage möglichst unparteiisch darzulegen und eventuell, falls über den Gegenstand in einer Kommission verhandelt ist, deren Majoritätsbeschluß zu vertreten, aber auch die Gegengründe der Minorität mitzuteilen**).

b) **Sodann folgen die übrigen Redner, welche sich zum Worte gemeldet haben. Diejenigen, welche nur die formale Behandlung zum Gegenstande einer Erörterung machen wollen, sich „zur Geschäftsordnung" melden, erhalten vorweg das Wort.**

In dieser Beziehung hat der Vorsitzende besonders darauf zu achten, daß nicht ein Redner mit der Meldung „zur Geschäftsordnung" sich unberechtigt in die Reihe der zur Sache sprechenden eindrängt und seine Ansicht zur Sache selbst mit zum Ausdruck bringt. Geschieht das letztere, so muß der Vorsitzende den Redner unterbrechen und ihm nötigenfalls das Wort entziehen.

---

*) Geht der Antrag von **mehreren** aus, so erhält von ihnen das Wort der erste Unterzeichner des Antrages (oder der, welchem dieser Antragsteller das Wort abtritt), sofern sich nicht etwa die Antragsteller über die Vertretung durch einen andern von ihnen einigen.

**) Der Berichterstatter darf bei seinen Ausführungen über die Kommissionsverhandlungen nur solche Tatsachen und Beweisgründe vorbringen, welche in der Kommission wirklich erörtert sind, und anderes Material (auf Grund eigenen besonderen Studiums) nicht hinzufügen.

Solche Reden zur Geschäftsordnung können sich namentlich auf die Leitung der Debatte erstrecken, z. B. darauf, der Vorsitzende möge den Gegenstand der Verhandlung in gewisse Abschnitte teilen, oder möge zunächst nur über einen Antrag, durch welchen die weitere Debatte erübrigt würde, sprechen lassen, oder möge die Redner über ein (von der Versammlung durch Beschluß festzusetzendes) Zeitmaß zu reden nicht verstatten, oder möge einen Antrag auf Schluß der Debatte zur Abstimmung bringen, oder möge das Abschweifen auf ein nicht zur Sache gehöriges, von einem Redner betretenes Gebiet in Zukunft untersagen, oder möge die Debatte auf einen anderen Tag vertagen und dgl. Auch würde hierhin der Antrag zu rechnen sein, daß der Vorsitzende, weil ungeeignet zur Leitung der Versammlung, sein Amt niederlegen solle (S. 33).

Ist der Zwischenfall aus der Geschäftsordnung erledigt, so erteilt der Vorsitzende den zur Sache gemeldeten Personen ferner das Wort, falls nicht etwa gerade durch den Beschluß zur Geschäftsordnung der Schluß der sachlichen Diskussion herbeigeführt ist. — Über den Schluß der Diskussion und das Schlußwort s. S. 36 u. 52.

c) Nach Schluß der Debatte, oder im Falle der Vertagung derselben am Schluß der Sitzung hat der Vorsitzende auch noch zu persönlichen Bemerkungen den hierzu sich Meldenden das Wort zu erteilen.

Diese persönlichen Bemerkungen sind namentlich dann anzubringen, wenn sich ein Mitglied gegen Vorwürfe, welche ihm im Laufe der Debatte gemacht sind, verteidigen will, besonders gegen solche, welche seine Ehre betreffen, ferner um Mißverständnisse seiner Worte, welche sich bei einem Redner gezeigt haben, aufzuklären. Sie dürfen aber nicht dazu führen, neue Gründe für eine Ansicht dem Gegner entgegenzustellen und Beweise für Behauptungen beizubringen. Sollte die Redebefugnis nach dieser Richtung überschritten werden, so hat der Vorsitzende den Redner zu unterbrechen und darauf hinzuweisen, daß die Ausführungen über den Rahmen der persönlichen Bemerkungen hinausgehen, auch bei wiederholter Überschreitung der gesetzten Schranken dem Redner das Wort zu entziehen.

Bei Unterbrechungen durch den Vorsitzenden pflegt derselbe zunächst durch die Glocke ein Zeichen zu geben, der Redner hat dann in seiner Rede innezuhalten, damit dem Vorsitzenden Gelegenheit zur Erklärung gegeben wird.

d) Der Vorsitzende hat ferner die **Abstimmung zu leiten** und zu diesem Zwecke die Fragen, über welche abgestimmt werden soll, entsprechend den gestellten Anträgen, der Versammlung vorzulegen und in geeigneter Weise zusammenzustellen.

Diese schwierigste Aufgabe des Vorsitzenden wird in einem besonderen Abschnitte behandelt werden (S. 52).

Abstimmungen können wegen Geschäftsordnungs- oder anderer Zwischenfragen im Laufe der Debatte erfolgen, bei definitiven Entscheidungen aber erst nach Schluß der Debatte. Wenn die Satzungen nicht etwas Besonderes vorschreiben, wird durch die absolute Mehrheit der Stimmen ein Beschluß gefaßt (sowohl bei Anträgen wie bei Wahlen).

3. Ist die Tagesordnung erledigt oder Vertagung beschlossen, so folgen die weiteren Eröffnungen über die Zeit und Tagesordnung der nächsten Sitzung*), worauf der Vorsitzende die Versammlung entläßt mit der Erklärung, er schließe die Sitzung, und das Protokoll unterschreibt.

Die **Protokolle** werden vom Schriftführer entworfen und unterliegen der Genehmigung und Gegenzeichnung des Vorsitzenden, wobei der letztere die Unterschrift

*) Die Festsetzung der Tagesordnung kann auch den Gegenstand einer Beschlußfassung bilden, falls ein Widerspruch aus der Versammlung heraus gegen die vom Vorsitzenden vorgeschlagene Tagesordnung erhoben wird.

links, der Schriftführer rechts unter den Abschluß der Verhandlung zu setzen hat; sie müssen den Verlauf der Verhandlung wiedergeben und sind bald kürzer, bald ausführlicher abzufassen, je nachdem es der Gebrauch oder der Wunsch der Versammlungen ist und es der Wichtigkeit der Sache entspricht.

Selbst die kürzeren Protokolle müssen enthalten eine Angabe über die Teilnehmer an der Versammlung, die Person des Vorsitzenden, die einzelnen Anträge, welche auch als Beilage dem Protokoll beigefügt werden können, den Bericht über Aenderung und Zurückziehung von Anträgen, das Resultat der einzelnen Abstimmungen (falls die Stimmen gezählt sind, auch mit Angabe der Stimmenzahl), die Beschlüsse, die Kundgebungen des Vorsitzenden, namentlich betreffs Festsetzung der Tagesordnung, die zu Protokoll erklärten Proteste einzelner Mitglieder. Handelt es sich um eine Vereinsversammlung, in welcher nur eine geringe Anzahl von Mitgliedern zur Stelle zu sein pflegt, so sind die Anwesenden im Texte oder am Rande der ersten Seite namentlich zu verzeichnen, sonst genügt die Angabe, daß eine beschlußfähige Zahl von Mitgliedern erschienen sei.

Ausführliche Protokolle bezeichnen auch die einzelnen Redner und geben den Inhalt ihrer Rede wieder, wobei den Schriftführern obliegt, nur das Wesentliche hervorzuheben und nicht mit unerheblichen Erörterungen das Protokoll auszufüllen.

Der **Schriftführer** ist bei der ganzen Verhandlung und auch bei den sonstigen Geschäften, falls nicht besondere Beamte in der Gesellschaft angestellt sind, der **Gehilfe des Vorsitzenden.** Er kann im Auftrage des Vorsitzenden das Ausschreiben der Ladungen, die Korrespondenzen der Gesellschaft besorgen, auch in den Versammlungen die Rednerliste führen, Schriftstücke und Anträge verlesen, falls eine Verlesung erforderlich wird. Doch kann der Vorsitzende bei allen diesen Geschäften selbsttätig auftreten und somit die Arbeit des Schriftführers lediglich auf Niederschrift des Protokolls beschränken.

Ob Protokolle von der Versammlung genehmigt werden sollen, richtet sich nach dem Brauche in den einzelnen Vereinen. Besteht solcher Brauch, so werden die Protokolle spätestens bei Beginn der nächsten Sitzung — tunlichst aber bereits am Schlusse der Sitzung, über welche sie berichten — vorgelesen und von der Versammlung genehmigt. Die Genehmigung ist, falls kein Widerspruch erfolgt, anzunehmen. Der Regel nach genügt aber, daß der Protokollführer und der Vorsitzende die Protokolle selbständig gemeinsam abfassen und daß die Auslage des Protokolls in der folgenden Sitzung stattfindet. Bei Uneinigkeit zwischen dem Vorsitzenden und Protokollführer, sowie beim Widerspruche seitens eines Mitgliedes gegen die Richtigkeit der Protokollierung entscheidet, wenn eine Einigung nicht zu erzielen ist, die Versammlung über die Fassung.

III. Pflichten und Rechte des Vorsitzenden.

Die Pflichten des Vorsitzenden ergeben sich zunächst aus den Satzungen und den Gesetzen.

Der Vorsitzende muß vor allem unparteiisch sein und sich immer gegenwärtig halten, daß er, wenn auch **von der Majorität gewählt**, doch auch zugleich **Vertreter der Minorität ist**: er muß besonders darauf achten, daß die Minorität gegenüber der Majorität in ihren Rechten geschützt, namentlich in der Redebefugnis nicht verkürzt wird.

Sollte sich in der Versammlung das Bestreben seitens der Majorität geltend machen, durch vorzeitigen Schluß der Debatte die Minorität um ihr Recht der Gegenrede zu bringen, so wird der Vorsitzende seine Bedenken hiergegen geltend zu machen haben. Eine zielbewußte Majorität pflegt sich von ihren Plänen durch Gegenrede der Minorität nicht abbringen zu lassen, aber die letztere würde erbittert und zum Unfrieden angereizt werden, wenn ihr durch Majorisieren das Recht, den gegenteiligen Standpunkt auszuführen, verkümmert würde.

Zur unparteiischen Leitung des Vereins gehört aber auch, daß der Vorsitzende die Rechte Abwesender in billiger Weise zu wahren sucht.

Wenn eine Überrumpelung durch die anwesenden Mitglieder gegen abwesende geplant wird, so hat der Vorsitzende besonders streng darauf zu sehen, daß über die auch den Abwesenden bekanntgemachte Tagesordnung nicht hinausgegriffen wird, indem die Abwesenheit ihren Grund in dem berechtigten Vertrauen haben kann, daß ein anderer Gegenstand als der auf der Tagesordnung stehende nicht zur Verhandlung kommen werde. (S. 47.)

Sollte ein Redner über den Inhalt der Vorlage, welche den Gegenstand der Debatte bildet, in tatsächlichem Irrtum sich befinden und dies aus seinen Ausführungen sich ergeben, so hat der Vorsitzende ihn zu unterbrechen und auf den Irrtum aufmerksam zu machen. Der Vorsitzende hat auch darüber zu wachen, daß die Redner nicht von dem Gegenstand der Verhandlung in ihren Reden abschweifen; bei solchen Abschweifungen hat der Vorsitzende den Redner zu unterbrechen und darauf aufmerksam zu machen, daß diese Ausführungen „nicht zur Sache" gehören, und hiermit die Aufforderung zu verbinden, sich in der Rede entsprechend zu beschränken.

Daß dem Vorsitzenden das Recht zusteht, alles zu tun, was zur guten Ordnung in den Geschäften und Verhandlungen und zum gewöhnlichen, nützlichen Betriebe der gemeinsamen Angelegenheiten erforderlich ist, muß nach allgemeinen Rechtsgrundsätzen als geltende Norm für den Vorsitzenden angesehen werden, da ohne solche Befugnisse eine zweckentsprechende Geschäftsführung sich nicht wohl denken läßt.

Zur Aufrechterhaltung der Ordnung muß der Vorsitzende für befugt erachtet werden:

a) Den **Störungen** der Versammlungen, welche durch Lärmen, strafbare (insbesondere beleidigende) Worte oder andere offenbare Ungehörigkeiten veranlaßt werden, entgegenzutreten.

Solches Entgegentreten kann namentlich bewirkt werden durch Disziplinarmaßregeln, welche freilich, soweit nicht dem Vorsitzenden durch besonderes Gesetz oder Statut weitergehende Befugnisse erteilt sind, sich im wesentlichen nur auf Einschreiten zur Abwehr, nicht auf Verhängung von Ordnungsstrafen erstrecken dürfen. Der Vorsitzende wird nur eine gewisse Strafgewalt unbedenklich dahin ausüben dürfen, daß er einen Redner, welcher durch strafbare Worte die Verhandlung stört, **zur Ordnung ruft**, indem er ihn auf das Ungehörige seiner Aeußerungen aufmerksam macht und, falls solchen Ermahnungen keine Folge geleistet wird, nach Androhung das **Wort entzieht**. Letzteres wird auch dann geschehen dürfen, wenn ein Redner auf wiederholte Ermahnung des Vorsitzenden fortgesetzt von dem Thema der Verhandlung abschweift. Will sich der hiervon Betroffene bei dieser Maßregel nicht beruhigen, so kann ihm allerdings die Anrufung des Beschlusses der Versammlung nicht verschränkt werden. Entscheidet sich die Mehrheit aber hierbei gegen den Störer, so darf derselbe einen weiteren Widerspruch nicht geltend machen. Fügt er sich dennoch nicht, so kann der Vorsitzende sagar die Sitzung schließen, falls nicht etwa die Mehrheit den Störer von der Versammlung ausschließt und zum Verlassen derselben veranlaßt. Ob der Ausschluß zu Recht erfolgt ist, wird in Einzelfällen auch Gegenstand gerichtlicher Entscheidung sein können.

Sollte aber die Mehrheit in dieser Streitfrage gegen den Vorsitzenden entscheiden und die Rüge für ungerechtfertigt erklären, so würde dem Vorsitzenden wieder nichts anderes übrig bleiben, als seine Maßregel zurückzunehmen oder sein Amt niederzulegen.

Der Vorsitzende kann auch unter Umständen von seinem **Hausrechte** Gebrauch machen durch die Aufforderung an einen Störer, den Sitzungssaal zu verlassen. Solches Recht ist ihm gegen störende Nichtmitglieder unbedenklich zuzusprechen, ob aber auch gegen Mitglieder, richtet sich nach den Umständen des Falles. Man wird zunächst annehmen können, daß das Recht, über das Sitzungslokal Verfügung zu treffen, in der Regel nicht dem Vorsitzenden allein zusteht: der Saal pflegt, sei es als Eigentum, sei es auf Grund eines Mietsrechts, in der Regel der Gesamtheit zur Verfügung zu stehen. Hat freilich der Vorsitzende denselben etwa auf seinen eigenen Namen gemietet, ohne wieder einen besonderen Untermietsvertrag mit der Gesellschaft geschlossen zu haben, so würde der Vorsitzende auch allein das Hausrecht zu gebrauchen berechtigt sein, und würde sich der, welcher unbefugt auf die Aufforderung des Vorsitzenden, den Sitzungssaal zu verlassen, noch in demselben verweilen wollte, der Strafe des Hausfriedensbruchs nach § 123 des StGB. aussetzen. Steht aber dem Vorsitzenden das ausschließliche Verfügungsrecht über das Versammlungslokal nicht zu, dann kann er die Entfernung des Störers nur dadurch erzwingen, daß er die Sitzung schließt und somit die Auflösung der ganzen Versammlung veranlaßt.

b) Beifallsrufe können den Mitgliedern der Versammlung nicht untersagt werden, wenn sie nicht durch ihre lange Dauer den Fortgang der Rede des mit solchen Rufen begrüßten Redners oder seines Nachfolgers behindern.

Der Vorsitzende muß mit Taktgefühl ermessen, ob dem Beifallssturm Einhalt zu gebieten, in welchem Falle er mit der Glocke ein Zeichen gibt und etwa bemerkt: „Ich bitte nunmehr den Fortgang der Verhandlung nicht zu stören.“ Beruhigt sich die Versammlung noch nicht, so wiederholt der Vorsitzende das Zeichen und sagt mit erhobener Stimme: „Ich bitte nun aber endlich um Ruhe.“

Mißfallenszeichen, namentlich Zischen, wird zwar auch der Vorsitzende nicht ganz unterdrücken dürfen, da aber solche Zeichen immerhin geeignet sind, die Gegner zu reizen und wohl gar zu kränken, so darf der Vorsitzende jedenfalls hier mit dem Einschreiten weniger zurückhaltend sein wie bei den Beifallsrufen.

Endlich kommt es auch vielfach in den Versammlungen vor, daß ein Redner durch **Zwischenrufe** einzelner unterbrochen wird. Einem geschickten Redner sind solche Unterbrechungen von gegnerischer Seite nicht unwillkommen, indem ihm durch dieselben Gelegenheit geboten wird, seine Schlagfertigkeit in der Entgegnung zu beweisen, denn kurze Zwischenreden geben der Debatte einen pikanten Charakter, regen die Zuhörer zur Aufmerksamkeit an und können in mäßigen Grenzen unbedenklich vom Vorsitzenden zugelassen werden. Werden sie aber dem Redner lästig, kommt er namentlich um eine Entgegnung in Verlegenheit, arten sie zu dauernden Zwischengesprächen zwischen dem Redner und dem Zwischenrufer aus, so muß der Vorsitzende mit dem Glockenzeichen einschreiten und den Zwischenrufer zurückweisen etwa mit den Worten: „Ich bitte, den Redner nicht zu unterbrechen“ oder „Ich bitte, Zwischengespräche zu unterlassen“.

Gerade bei solchen Szenen muß das Feingefühl des Vorsitzenden das richtige Maß innezuhalten wissen!

In allen diesen Fragen, welche sich auf die Aufrechterhaltung der Ordnung beziehen, muß der Vorsitzende mit Selbständigkeit auftreten, in dem Bewußtsein, daß ihm das Recht zusteht, für Ordnung zu sorgen. Eine gewisse „Schneidigkeit“ wird ihm den Beifall der großen Mehrheit der Versammlung sichern, wenn sie nicht zu unhöflicher Schroffheit ausartet. Eine mit freundlichem Humor gewürzte Geltendmachung der Disziplin wird auf allen Seiten besseren

Erfolg haben, als selbstbewußte Schärfe oder gar leidenschaftliches, zorniges, herrisches Auftreten, welches um so mißfälliger wirkt, wenn es gegenüber der Minorität ausgeübt wird. Der Vorsitzende verfahre immer nach dem Grundsatze, den wir als Motto dieses Buches hingestellt haben: Fortiter in re, suaviter in modo.

IV. Tagesordnung.

Die Verkündung der Tagesordnung ist schon oben S. 18 Gegenstand der Erörterung gewesen. Zur Beratung kommen die auf der Tagesordnung stehenden Gegenstände in der Reihenfolge, in welcher sie bei der Verkündung aneinander gereiht sind. Abweichungen von dieser Regel können aus wichtigen Gründen vom Vorsitzenden angeregt werden. Erfolgt hiergegen ein Widerspruch, so entscheidet (ebenso wie im Falle eines etwa gestellten Antrags auf sonstige Abänderung der Tagesordnung) die Versammlung über die Abänderung*). Eine jede Sache wird, falls nicht etwa Vertagung beschlossen wird, vollständig ohne Unterbrechung verhandelt, bevor die nächste Sache zur Diskussion gelangt.

Gegenstand der Verhandlung kann entweder eine Besprechung oder eine Beschlußfassung über eine Frage sein.

*) Eine Abänderung der Reihenfolge ist namentlich auch deshalb bedenklich, weil vielleicht einzelne Mitglieder im Vertrauen darauf, daß der für sie interessierende Gegenstand erst an weiterer Stelle auf die Tagesordnung gebracht ist, erst zu einer späteren Stunde sich zur Sitzung einfinden.

Bloße Besprechungsverhandlungen dienen nur zur Belehrung für die Zuhörer, wie z. B. wissenschaftliche Vorträge, bei welchen auch Gegenansichten zur Geltung kommen und zur Diskussion über Streitpunkte führen können. Bei Besprechungsverhandlungen bedarf es eines genauen Innehaltens der Tagesordnung nicht: da keine sachlichen Beschlüsse gefaßt werden und niemand durch die Verhandlung gebunden wird, darf der Vorsitzende unbedenklich, je nach dem Belieben der Versammlung, ein weiteres Umgehen des eigentlichen Themas gestatten, wenn er nicht aus dem Laufe der Debatte, aus Zwischenrufen oder sonstigen Zeichen entnehmen kann, daß von der Mehrheit ein strengeres Innehalten der Tagesordnung begehrt wird. Zur Abstimmung kann es in solchen Debatten nur etwa über formelle Fragen kommen*).

Schwieriger ist die Stellung des Vorsitzenden in Verhandlungen über Anträge, welche zu Beschlüssen führen. Da solche Beschlüsse verbindliche Wirkung haben, ist erforderlich, daß sie sich in dem Rahmen der Tagesordnung halten. Sind zu dem Thema, welches zur Beratung und Beschlußfassung kommt, bereits vor dem Beginn der Verhandlung Abänderungsanträge bestimmt formuliert, so sind dieselben — tunlichst schon bei der Ladung — entweder ihrem Wortlaute nach oder unter Bezeichnung ihres Inhalts den Mitgliedern kund zu geben. Bei Beginn der Sitzung hat sodann der Vorsitzende zunächst die Anträge, welche zur Beratung kommen sollen, falls sie schriftlich aufgezeichnet sind, zu verlesen, und falls sie nur mündlich angemeldet sind, auch in entsprechender Form zur Kenntnis der Versammlung zu bringen**). Gehen im Verlaufe der Verhandlung noch

*) Auch können Besprechungsverhandlungen bisweilen, weil zu dem Beratungsgegenstande von einem Mitgliede ein sachlicher Antrag gestellt wird, in Beschlußverhandlungen übergehen. Ob dann die Abstimmung auf eine fernere Sitzung zu vertagen ist, hat der Vorsitzende nach Maßgabe der Grundsätze über die Beschlußverhandlungen zu beurteilen.

**) Vgl. über die Formulierung S. 49.

weitere zur Sache gehörige Anträge, z. B. Abänderungsanträge, ein, so hat der Vorsitzende dieselben sofort nach Eingang gleichfalls bekannt zu machen. Er kann auch zu diesem Zwecke, um die Debatte rechtzeitig auf die neuen Anträge hinzuleiten, einen gerade sprechenden Redner in seinem Vortrage unterbrechen. Was aber die Zulässigkeit solcher Anträge betrifft, so muß immer der Grundsatz im Auge gehalten werden, daß zu dem auf der Tagesordnung stehenden Hauptantrage Abänderungsanträge, welche mit ihm in innerem Zusammenhange stehen, unbedenklich zur Debatte kommen dürfen, nicht aber Anträge, welche dieses Zusammenhanges entbehren, sollten sie auch als Abänderungsanträge bezeichnet werden. Zulässig sind Anträge auf Ablehnung des Hauptantrags, mag solche Ablehnung auch nur einen Teil des Hauptantrags betreffen, ferner solche Anträge, welche zu dem Hauptantrage einen einschränkenden Zusatz machen wollen, auch solche, welche den Hauptantrag erweitern oder an Stelle eines Teils des Hauptantrags einen anderen Unterantrag setzen wollen. Inwieweit Abänderungsanträge zur Tagesordnung gerechnet werden können, darüber wird noch unten (S. 44 ff.) eine nähere Erörterung folgen.

V. Formelle Anträge

gehen auf die sachliche Erörterung des Gegenstandes der Beratung nicht ein, sondern betreffen nur das Verfahren, welches hinsichtlich der Behandlung des Beratungsgegenstandes einzuschlagen ist, und sind deshalb vor der Hauptabstimmung zu erledigen. Hierher zu rechnen ist:

1. Der Antrag auf Rücktritt des Vorsitzenden.

Dieser Antrag enthält ein Mißtrauensvotum gegen die Leitung der Versammlung, namentlich wegen des Vorwurfs der Parteilichkeit, des mangelnden Geschicks, der Schwäche in Ausübung der Disziplin.

Unzulässig ist solcher Antrag, wenn der Vorsitzende nicht durch Wahl der Mitglieder, sondern durch Ernennung seitens eines Vertreters der Staatsgewalt in sein Amt eingesetzt ist und wenn dem Vorsitzenden statuten- oder vertragsmäßig das Verbleiben in seiner Stelle auf eine gewisse Zeit fest garantiert ist. In letzterem Falle kann indessen auch aus einem wichtigen Grunde (nach §§ 27 und 712 B.G.B.) ihm die Stelle entzogen werden. Im übrigen ist in allen solchen Fällen der Rücktritt des Vorsitzenden nur dann zu erreichen, wenn er zur freiwilligen Aufgabe seiner Stelle zu bewegen ist oder im Wege gesetzlicher Disziplinarmaßregeln seines Amtes entsetzt wird.

Falls aber der Vorsitzende durch Wahl seitens der Mitglieder seine Stelle erlangt hat, kann er der Regel nach — sofern nicht Gesetz, Statut oder Vertrag anderes bestimmen — durch Mehrheitsbeschluß seiner Stelle wieder enthoben werden und ist also auch der Antrag auf Rücktritt des Vorsitzenden zulässig. Zu solchem Antrage, welcher leicht den Verdacht der Gehässigkeit hervorruft, sollte nur nach sehr reiflicher Überlegung geschritten werden, namentlich auch im Falle einige Aussicht auf Annahme durch die Mehrheit vorliegt. Denn wenn er abgelehnt wird, so hat er oft den Mißstand im Gefolge, daß er das friedliche Einvernehmen zwischen der Minderheit und dem Vorsitzenden zerstört. Letzterer wird freilich auch im Falle der Ablehnung, wenn die Minderheit eine große Zahl von Mitgliedern in sich begreift, zu erwägen haben, ob nicht gleichwohl ein Fortwirken an der Spitze der Versammlung im Interesse friedlicher Verhandlungen für untunlich zu erachten ist, und ob er nicht freiwillig auf sein Amt verzichten soll. Behält er aber dasselbe, wozu er nach dem Majoritätsbeschlusse berechtigt ist, so wird er um so mehr sich in acht zu nehmen haben, daß er die Rechte der Minorität nicht verkümmert und hierdurch den Verdacht der Rachsucht und Parteilichkeit auf sich lenkt.

Wird nun zulässigen Falls ein Rücktrittsantrag gestellt, so ist er sofort zur Abstimmung zu bringen*),

*) Ist ersichtlich, daß der Antrag gestellt wird, weil dem Vorsitzenden der Vorwurf gemacht wird, er wisse den gerade

und hat der Vorsitzende, falls der stellvertretende Vorsitzende in der Versammlung zugegen ist, an denselben während der Verhandlung und Abstimmung über diesen Gegenstand den Vorsitz abzutreten. Eine längere Diskussion über den Antrag ist jedenfalls nicht zuzulassen, doch wird, falls nicht verständlich ist, aus welchem Beweggrunde er gestellt wird, dem Antragsteller eine kurze Aufklärung zur Begründung nicht abgeschnitten werden dürfen. Gegenreden würden aber das Peinliche des Zwischenfalles nur erhöhen. Der Vorsitzende muß deshalb den Antrag tunlichst bald zur Abstimmung bringen und hierdurch dem unerquicklichen Zwischenfalle ein Ende bereiten. Entscheidet die Abstimmung gegen den Vorsitzenden auf dessen Entlassung, so legt derselbe sein Amt nieder und schließt die Sitzung, falls nicht der stellvertretende Vorsitzende die Leitung der Versammlung übernommen hat, welchem die sofortige Veranlassung der Neuwahl für den Ausscheidenden obliegt.

Führt die Stellung des Antrags zu dauernden tumultuarischen Störungen', so kann auch die Sitzung geschlossen und der Antrag zu einer folgenden Sitzung als erster Gegenstand, sowie die eventuelle Wahl eines andern Vorsitzenden als zweiter Gegenstand auf die Tagesordnung gebracht werden. Auf diesem Wege wird den Mitgliedern Zeit gelassen zu vorläufigen Besprechungen über den Antrag und seine Folgen*).

---

sprechenden Redner nicht in den gehörigen Schranken zu halten, so wird der Vorsitzende selbst den Redner unterbrechen und den Antrag sofort zur Abstimmung bringen dürfen.

*) Es entspricht solche Praxis auch den Grundsätzen der alten Deutschen, von denen Tacitus berichtet, daß sie wohl

2. Der **Antrag auf Vertagung** bezweckt, die Verhandlung und den Beschluß über einen Gegenstand der Tagesordnung auf einen weiteren Termin hinauszuschieben, und pflegt namentlich dann gestellt zu werden, wenn die Versammlung durch eine längere Debatte ermüdet ist, die Rednerliste aber noch Anmeldungen von solchen Personen enthält, welchen das Wort durch Schlußantrag nicht entzogen werden soll.

Auch dieser Antrag ist sofort, nachdem der gerade sprechende Redner seine Ausführungen beendet hat, zur Abstimmung zu bringen. Ebenso zu behandeln ist der **Antrag auf Verschiebung der Abstimmung**, welcher bezweckt, nach Schluß der Beratung lediglich die Beschlußfassung noch auszusetzen, damit die Mitglieder Zeit gewinnen zu reiflicher Überlegung und zu Besprechungen untereinander. Wird dieser letztgedachte Antrag angenommen, so findet in der späteren Sitzung sofort die Abstimmung statt; ohne besonderen Beschluß der Versammlung darf also der Vorsitzende niemandem mehr gestatten, zur Sache das Wort zu ergreifen.

3. Der **Antrag auf Schluß der Debatte** soll dem Zwecke dienen, die Beratung über einen Gegenstand, welcher genügend erörtert und aufgeklärt ist, zu beendigen.

Mißbräuchlich wird dieser Antrag auch wohl eingebracht von Mitgliedern einer siegesbewußten Majorität, um der Minorität die Gelegenheit zu Gegenerklärungen abzuschneiden. In solchem Falle ist es Aufgabe des Vorsitzenden gemäß dem alten deutschen Sprichworte:

„Eines Mannes Rede ist keine Rede,
Man soll sie billig hören beede"

auch noch der Minorität im Wege gütlichen Zuspruchs an

---

bei Trinkgelagen debattiert, aber erst in der Nüchternheit Beschluß gefaßt haben (deliberant, dum fingere nesciunt, constituunt, dum errare non possunt).

die Versammlung (bzw. an den Einbringer des Schlußantrags) zum Worte zu verhelfen. Unzulässig ist es, einem Redner, welcher bei Eingang des Antrags schon zum Worte verstattet war, wegen solchen Antrags in seiner Rede zu unterbrechen. Erst nach Beendigung der Rede kommt der Schlußantrag zur Verkündung und Abstimmung.

Vor der Abstimmung hat der Vorsitzende bekannt zu machen, welche Mitglieder noch in der Rednerliste verzeichnet sind. **Eine Debatte über den Schlußantrag findet weder zur Begründung noch zur Widerlegung statt***).

Wird der Schlußantrag angenommen, so verstattet der Vorsitzende noch den etwa bestellten Berichterstatter zum „Schlußworte" und schreitet sodann zur Abstimmung**).

4. **Der Antrag auf Niedersetzung einer Kommission** bezweckt, einen Beratungsgegenstand, welcher sich zur sofortigen Durchberatung und Beschlußfassung

*) Auch ein dahingehender Abänderungsantrag, daß der Schluß mit der Maßgabe beschlossen werde, es sollten die eingeschriebenen Redner (oder ein Teil derselben) noch zu Worte kommen, kann für ein ordnungsmäßiges Verfahren nicht gebilligt werden, indem durch die Annahme solchen Antrags die Versammlung, welche noch nicht wissen kann, was die hiernach zugelassenen Redner ausführen werden, jede weitere Gegenrede von vornherein abschneidet, obwohl eine Entgegnung, nachdem der letzte Redner gesprochen, vielleicht den Wünschen der Mehrheit entsprechen würde.

**) Nach den Geschäftsordnungen des deutschen Reichstags, des preußischen Abgeordnetenhauses und der bayrischen Kammer ist auch neben dem Berichterstatter dem Antragsteller (d. h. dem, welcher den Hauptantrag gestellt hat) auf sein Verlangen das Wort nach Schluß der Diskussion zu erteilen. Dies mag auch für andere Vereine billig sein; doch läßt sich ein Anspruch auf Worterteilung (gegen den Willen der Ver-

in der Sitzung der gesamten Mitglieder (Plenarsitzung) nicht eignet, einer kleinen — namentlich aus Sachverständigen — auszuwählenden Zahl von Mitgliedern zur Vorberatung zu unterbreiten.

In solchen Kommissionen werden durch kürzere Reden und Gegenreden, erforderlichenfalls auch durch Vernehmung dritter Personen (zur Aufklärung über Tatsachen, zur Begutachtung technischer Fragen usw.) vorliegende Streitfragen oft gründlicher erörtert als in großen Versammlungen zahlreicher Mitglieder, in welchen die Beratung durch Dazwischenreden wenig Befähigter auf Kleinigkeiten ausgedehnt und ermüdend in die Länge gezogen werden kann.

Wird die Niedersetzung einer Kommission beschlossen, so hat der Vorsitzende die **Wahl von Mitgliedern** für dieselbe zu veranlassen. Die Auswahl kann auf Vorschlag des Antragstellers, eventuell auch des Vorsitzenden (durch Akklamation) erfolgen. Falls aber ein solcher Vorschlag auf Widerspruch stößt und eine gütliche Einigung nicht zu erlangen ist, muß die Auswahl durch Abstimmung wie bei der Wahl der Vorsitzenden bewirkt werden*).

Ob der **Vorsitzende Mitglied der Kommission werden soll**, hängt von dem Beschlusse der Versammlung ab; wird er zum Mitgliede gewählt, so hat er auch un-

---

sammlung) nicht rechtfertigen. Der Vorsitzende wird jedoch durch einige befürwortende Äußerungen von der Versammlung die Befugnis, dem Antragsteller zum Schlußwort zu verstatten, meist unschwer erlangen können. Sind mehrere Antragsteller zum Worte bereit, so wird mangels Einigung derselben, derjenige zum Worte zuzulassen sein, welcher den Antrag zuerst unterzeichnet hat, und falls derselbe bereits zu Anfang (S. 22) das Wort gehabt oder abgetreten hat, der nächste Unterzeichner.

*) Wenn die Kommission eingesetzt ist zur Vorberatung eines gestellten Antrages, so verstatten die Geschäftsordnungen des deutschen Reichstags und preußischen Abgeordnetenhauses dem **Antragsteller** die Teilnahme an den Beratungen mit beratender Stimme, und wenn der Antrag von mehreren

bedenklich Anspruch auf den Vorsitz in der Kommission. Tritt er aber nicht in die Kommission ein, so wählt die letztere, welche ihre Geschäfte allein zu regeln hat, auch aus ihrer Mitte einen andern zu ihrem Vorsitzenden. Die Kommission bestellt ferner einen Berichterstatter (Referenten), welcher nach Abschluß der Kommissionsarbeiten über das Resultat ihrer Tätigkeit und über ihre Beschlüsse der Plenar-Versammlung (schriftlich oder mündlich) zu berichten hat. Der Vorsitzende des Vereins ist auch in dem Falle, wenn er nicht Mitglied der Kommission geworden, befugt, an den Kommissionsverhandlungen als Zuhörer teilzunehmen und auf prompte Erledigung der Kommissionsaufgaben hinzuwirken. Sollte in der Kommission die ihr überwiesene Angelegenheit verschleppt werden, so würde der Vorsitzende des Vereins auch durch Anberaumung einer Plenarsitzung den Abbruch der Kommissionsverhandlungen ermöglichen können.

Der Vorsitzende der Kommission hat in dieser im allgemeinen dieselben Befugnisse wie der Vorsitzende des Gesamtvereins, indem auch die Geschäftsordnung des letzteren in der Kommission entsprechend zur Anwendung kommt.

Wenn sich bei der Fortsetzung der Verhandlung im Plenum noch ein Bedürfnis nach weiterer Aufklärung über Fragen ergibt, welche in der Kommission noch nicht genügend erörtert sind, so kann auch auf Antrag die Zurückverweisung der Sache an die Kommission zur weiteren Beratung beschlossen werden.

5. **Der Antrag auf Tagesordnung** ist gleichfalls zu den formellen zu rechnen. Derselbe stellt sich dar als ein Gegenantrag gegen einen gestellten Antrag und zielt dahin, daß der letztere weder zur Ver-

---

Mitgliedern ausgegangen ist, solche Teilnahme dem zuerst unterzeichneten Mitgliede. Diese Praxis mag auch für andere Vereine angemessen sein, wenn nicht der Antragsteller — was wohl die Regel bilden wird — als vollberechtigtes Mitglied in die Kommission gewählt sein sollte.

handlung noch zur Abstimmung kommen solle, namentlich weil er nicht zu dem Geschäftskreise des Vereins gehöre oder sonst unzulässig sei.

Die Wortform: „Antrag auf Tagesordnung" erklärt sich dadurch, daß der Antrag gerichtet ist auf Verlassen dieses Gegenstandes und auf Übergang auf den nächsten Gegenstand der Tagesordnung. Man sagt daher auch: „Antrag auf Übergang zur Tagesordnung", indem man diese Bezeichnung selbst dann wählt, wenn der Antrag beim letzten Gegenstand der Tagesordnung gestellt wird, also von einem Übergang auf den nächsten Gegenstand der Tagesordnung keine Rede sein kann. Es zählt dieser Antrag zu den rein formellen, weil er ein materielles Eingehen auf die vorliegende Sache ausschließt. Abänderungsanträge sind gegenüber dem Antrag auf Tagesordnung, welcher den ihm entgegenstehenden Hauptantrag **kurzer Hand abweist**, nicht zulässig. Ein solcher Abweisungsantrag kann daher wohl unterschieden werden von dem Antrag auf Ablehnung eines Hauptantrags, indem der Ablehnungsantrag eine sachliche Prüfung des Hauptantrags und eine sachliche Beratung voraussetzt. In der Praxis der größten Parlamente Deutschlands (des Reichstags und preußischen Abgeordnetenhauses) wird dieser Unterschied auch für die Plenarverhandlungen aufrecht erhalten, indem die Geschäftsordnungen dieser Körperschaften übereinstimmend (im § 53 bzw. 52) besagen: „Der Antrag auf Tagesordnung kann zu jeder Zeit gestellt werden und bedarf keiner Unterstützung. Nachdem ein Redner für und ein Redner gegen denselben gehört worden, erfolgt darüber der Beschluß der Versammlung. Im Laufe derselben Diskussion darf der einmal verworfene Antrag auf Tagesordnung nicht wiederholt werden"*).

Ob nun aber diese durch besondere Normen bestimmte Parlamentspraxis sich auch für Vereinigungen anderer Art durchweg empfiehlt, kann billigerweise bezweifelt werden. Selbst in den Kommissionsberatungen der gedachten Parla-

---

*) Auch für die bayrische Kammer besteht eine gleiche Bestimmung.

mente wird wohl der Antrag auf Tagesordnung geschäftlich wie ein Ablehnungsantrag behandelt, so daß für und gegen den Antrag nicht nur je ein Redner zu Worte kommt, und dies dürfte sich auch für die Vereine im allgemeinen empfehlen.

Liegen nur formelle Gründe gegen einen Antrag vor, wird also seine Abweisung verlangt, weil die Versammlung zur Beschlußfassung nicht zuständig sei, weil der Gegenstand zurzeit noch nicht behandelt werden könne, weil erst eine Vorfrage zu erledigen sei und dergleichen, und wird aus solchen Gründen der Gegenantrag nicht in der Form des Tagesordnungsantrages, sondern als Ablehnungsantrag eingebracht, so wird es Sache des Vorsitzenden sein, die Diskussion zunächst auf diese formellen Gegengründe zu beschränken und erst im Falle, daß der Ablehnungsantrag verworfen wird, eine Diskussion über die Sache selbst zu eröffnen. Findet aber der Ablehnungsantrag seine Begründung in Gegengründen sachlicher Art, indem der Hauptantrag nach seinem Inhalt und Zweck nicht den Beifall der Versammlung finden könne, so muß der Vorsitzende die Diskussion unbeschränkt über die Gründe für und gegen diesen Hauptantrag eröffnen, und sind dann auch Abänderungsanträge zu dem Gegenstande der Debatte zulässig.

Eine besondere Art des Antrages auf Tagesordnung ist der Antrag auf **motivierte Tagesordnung**, in welchem die Erwägungsgründe für die Abweisung des Hauptantrages angegeben werden.

Diese Erwägungsgründe können bald formeller, bald sachlicher Natur sein, z. B. in Erwägung, daß nach den Statuten des Vereins eine Erörterung politischer Angelegenheiten in seinen Versammlungen nicht gestattet ist, geht der Verein über den Antrag, die Reichstagswahl des A. zu unterstützen, zur Tagesordnung über;

oder in Erwägung, daß zurzeit noch nicht genügende Mittel in der Vereinskasse vorhanden sind, um den zum Erwerbe des Gartens erforderlichen Kaufpreis zu decken, geht der Verein über den Antrag, einen Vereinsgarten für 10 000 Mark anzukaufen, zur Tagesordnung über;

oder in Erwägung, daß bei dem geringen Geschäftsumfange des Vereins ein Bedürfnis, das Beamtenpersonal zu vermehren, nicht vorliegt, geht die Gesellschaft über den Antrag auf Anstellung des B. als zweiten Rendanten zur Tagesordnung über.

Solche motivierte Tagesordnung pflegt namentlich dann beschlossen zu werden, wenn ein Antrag nicht unbedingt und für immer abgelehnt werden soll, sondern, wenn der Antrag nach den gegenwärtig vorliegenden Verhältnissen als ungerechtfertigt erscheint, aber unter veränderten Umständen wieder in Erwägung gezogen werden soll.

In der Geschäftsordnung des deutschen Reichstags, des preußischen Abgeordnetenhauses und der bayerischen Kammer wird diese motivierte Tagesordnung in der geschäftlichen Behandlung den Abänderungsanträgen (Amendements), von denen noch unten die Rede sein wird, gleichgestellt, indem es (im § 49, bezw. § 50, bezw. Art. 43) heißt:

„Abänderungsanträge (Amendements) oder Anträge auf motivierte Tagesordnung können zu jeder Zeit vor dem Schlusse der Verhandlungen gestellt werden. Dieselben müssen mit der Hauptfrage in wesentlicher Verbindung stehen und werden dem Präsidenten schriftlich übergeben.“

Die Anträge auf motiverte Tagesordnung werden daher auch in diesen parlamentarischen Satzungen nicht als formelle Anträge behandelt, sie gestatten ein Eingehen auf die Sache selbst und kommen der Regel nach erst mit dem Hauptantrage zur Abstimmung.

Der Einführuug solcher Praxis auch bei Vereinen überhaupt würde an sich nichts im Wege stehen, wenngleich auch der motivierte Antrag ebensowohl dahin am Schlusse formuliert werden könnte, „lehnt der Verein den Antrag auf — — ab“, statt der Formel „geht der Verein über den Antrag auf — — zur Tagesordnung über“. Die Formulierung als „Ablehnung“ würde namentlich dann sich empfehlen, wenn die einfache Tagesordnung in die Geschäftspraxis des Vereins keinen Eingang gefunden hat. Denn ein unnötiger Gebrauch von Formeln, welche den Mitgliedern vielleicht nicht einmal durchweg verständlich sind, muß besser vermieden werden. Der Vorsitzende wird daher je nach dem Brauch des Vereins auf den Antragsteller dahin einwirken können, daß er den Antrag nicht auf motivierte Tagesordnung, sondern auf motivierte Ablehnung richten möge.

VI. Materielle Anträge (Hauptanträge und Amendements).

Unter den Anträgen, welche die Sache selbst betreffen, kommt zunächst der **Hauptantrag**, welcher zur Debatte den Anlaß gegeben hat, in Betracht. Die Stellung eines solchen Antrags ist die notwendige Voraussetzung der Beschlußfassung, da ohne einen Antrag die Besprechung sich nur auf informatorische Belehrung erstrecken kann. (Vgl. S. 32.)

Wird aber ein Antrag gestellt — was, wie unten ausgeführt werden wird, auch unter Umständen durch den Vorsitzenden geschehen kann (vgl. S. 50) —, so bildet dieser Antrag den Mittelpunkt der Verhandlung und Beschlußfassung, zu welchem die Versammlung nach drei Richtungen (abgesehen von dem formellen Antrage auf Tagesordnung) Stellung nehmen kann:

a) Der Antrag kann **ohne Widerspruch** entgegengenommen werden. Dann pflegt die Erörterung nach der Empfehlung durch den Antragsteller und vielleicht sonst noch durch einzelne andere Mitglieder bald zum Abschluß zu gelangen: es kommt zur Abstimmung über Annahme des Antrags. Findet der

Antrag hierbei nicht die erforderliche Majorität, so ist er abgelehnt, ohne daß es eines besonderen Ablehnungsantrages bedurfte.

b) Es kann aber auch ein **Gegenantrag auf Ablehnung** gestellt werden. Dann pflegt der Gegenantragsteller das Wort zu nehmen, um die Ablehnung zu begründen, wobei es zu ferneren Reden und Gegenreden kommen kann. Bei der Abstimmung handelt es sich jedoch wie im Falle a nur darum, ob der Hauptantrag angenommen wird. Erhält derselbe die erforderliche Mehrheit der Stimmen, so ist der Ablehnungsantrag ohne weiteres gefallen, bleibt aber der Hauptantrag in der Minorität, so ist der Ablehnungsantrag (als angenommen) ebenfalls durch diese Abstimmung erledigt.

c) Es können endlich (und zwar bis zum Schlusse der Verhandlung) **Abänderungsanträge (Amendements)***) eingehen, sei es, daß der Hauptantrag beschränkt, sei es, daß er ausgedehnt, sei es, daß er durch etwas anderes ersetzt werden soll.

Einschränkende Amendements machen geschäftlich keine Schwierigkeit, sie sind unbedenklich zur sofortigen Debatte und Abstimmung zuzulassen. In dem Größeren ist das Geringere von selbst eingeschlossen. Es bedarf daher auch einer besonderen Kundgabe solches beschränkenden Antrags an abwesende Mitglieder nicht. Sie mußten auf eine Einschränkung gefaßt sein: haben sie sich fern gehalten, so müssen sie sich gefallen lassen, daß

*) Solche Abänderungsanträge sind allerdings auch bei einzelnen formellen Anträgen denkbar, kommen aber bei diesen, soweit sie überhaupt zulässig sind, nur in geringem Umfange in Betracht, weshalb es sich empfiehlt, sie lediglich bei den materiellen Anträgen abzuhandeln.

der Hauptantrag im ganzen oder in einem Teile (d. h. gemäß dem Amendement) angenommen wird.

Ausdehnende Amendements können schon eher dahin zu Bedenken Anlaß geben, ob sie sofort ohne Anberaumung einer neuen Sitzung zur Diskussion gestellt werden dürfen. Doch wird die Frage zu bejahen sein, wenn die Ausdehnung nicht in ein ganz anderes Gebiet hinübergreift. Wenn z. B. auf der Tagesordnung der Antrag stand, einen Garten für den Verein zum Preise von 10000 Mk. anzukaufen, und nun das Amendement gestellt wird, für die 10000 Mk. außer dem Garten noch eine Kegelbahn anzukaufen, so wird solches Amendement sofort zur Diskussion gestellt werden können. Wenn aber das Amendement dahin lautete, außer dem Garten für 10000 Mk. noch eine Kegelbahn für 1000 Mk. anzukaufen, so würde das Amendement einen selbständigen Vorschlag enthalten, welcher in einer neuen Sitzung zur Beratung und Beschlußfassung unterbreitet werden müßte. Würde dagegen das Amendement so gestellt, den Garten und die Kegelbahn für einen gemeinsamen Preis von 11000 Mk. anzukaufen, so stände dem einheitlichen Hauptantrage auch ein einheitliches Amendement entgegen. Man könnte daher in diesem Falle zu dem Schlusse kommen, daß die Beratung und Abstimmung auch über das Amendement sofort in der ersten Sitzung stattzufinden habe, falls nicht etwa auf einen gestellten Vertagungsantrag die Aussetzung der Beratung und Beschlußfassung über Hauptantrag und Amendement beschlossen wurde.

Doch ergeben die beiden letzten Beispiele, daß, wenn man die Sache nicht zu formalistisch auffassen will, sich auch eine gegenteilige Behandlung der Sache rechtfertigen läßt, und daß es in beiden Fällen wohl angemessen wäre, die Beratung auch über den Gegenantrag sofort in der ersten Sitzung vorzunehmen, die Beschlußfassung aber auf eine neue Sitzung zu vertagen.

Am schwierigsten liegt die Sache hinsichtlich der dritten Art der Amendements, wenn dem Gegenstande des Hauptantrags etwas anderes substituiert wird, und nun an den Vorsitzenden die Frage herantritt, ob der Gegenantrag überhaupt als Amendement gelten und als solches behandelt werden darf. Es kann auf diese Weise ein Mitglied unter dem Vorwande, ein Amendement zu stellen, den Versuch machen, einen ganz anders gearteten Gegenstand, welcher nicht auf der Tagesordnung stand, sofort zur Beratung und Abstimmung zu bringen, um hierdurch nicht allein für seinen Antrag eine prioritätische Behandlung, sondern auch eine Überrumpelung der ausgebliebenen Mitglieder zu erzielen. Amendements müssen immer mit dem Hauptantrage in einem inneren Zusammenhange stehen, andernfalls sie als besondere Anträge auch in besonderer Sitzung zu behandeln sind. Gesetzt, es stände auf der Tagesordnung: Beschlußfassung über Verwendung eines Jahresüberschusses von 10000 Mk. mit dem Vorschlage, diese 10000 Mk. als Dividende zu verteilen, so würde man den Gegenantrag, die 10000 Mk. zu einem Reservefonds abzuführen, als Amendement ansehen können. Auf einen derartigen Gegenvorschlag können die Mitglieder (falls ihnen nicht etwa statutenmäßig ein Anspruch auf die Dividende zusteht) beim Durchlesen der Tagesordnung gefaßt sein. Wenn nun gegenüber derselben Tagesordnung der Gegenantrag gestellt würde, 10000 Mk. einer milden Stiftung zu überweisen und hierzu die Überschüsse zu verwenden, so würde solcher Gegenantrag, falls in den Statuten eine Verwendung von Geldern zu solchen Zwecken nicht etwa vorgesehen ist, schon hinsichtlich der Behandlung als Amendement bedenklicher sein. Gleichwohl wird mit Rücksicht auf die Fassung der Tagesordnung „Verwendung eines Jahresüberschusses von 10000 Mk.“ der Gegenvorschlag sich noch zu den Amendements zählen lassen, wenn sich auch gewiß empfiehlt, die Beschlußfassung auf eine neue Sitzung zu verschieben*).

*) Ständen in den Statuten die einzelnen Zwecke, zu welchen Überschüsse zu verwenden seien und wäre unter diesen Zwecken die Verwendung für eine milde Stiftung nicht angegeben, so würde das gedachte Amendement überhaupt gesetzwidrig sein. Der Vorsitzende müßte also, falls der Antrag-

Falls aber der Gegenvorschlag lautete, die 10 000 Mk. vorläufig in der Kasse zu asservieren und einem dem Vereine gehörigen Garten gegen einen Vergnügungsdampfer umzutauschen, so ist ohne weiteres ersichtlich, daß es sich hier um einen ganz andern Vorschlag handelt, welcher mit dem Gegenstande der Tagesordnung nicht im Zusammenhang steht, wenn er auch durch die Formulierung „die 10 000 Mk. vorläufig in der Kasse zu asservieren" äußerlich in Zusammenhang mit dem Hauptantrage gebracht ist. Der Vorsitzende darf also dieses „Amendement" nicht zur Debatte stellen und muß den Antragsteller bedeuten, daß der erste Teil des Gegenantrags nur eine Negation des Hauptantrags sei, also insofern schon mit zur Beratung komme, indem im Falle über die Verwendung der Gelder kein Beschluß gefaßt werde, die vorläufige Asservierung der Gelder von selbst sich ergäbe, daß aber der zweite Teil des Gegenantrags mit dem Hauptantrage in gar keiner Verbindung stehe und deshalb auf eine besondere Tagesordnung zu bringen sei.

Es wird im Einzelfalle der Klugheit und Charakterfestigkeit des Vorsitzenden eine schwere Aufgabe gestellt, indem er einerseits in die Lage kommen kann, ein zur Sache gehöriges Amendement ungerechtfertigter Weise zur Seite zu stellen, anderseits auch durch die Mehrheit der Anwesenden gedrängt werden kann — entgegen dem Interesse der Abwesenden —, einen fremden Gegenstand zur sofortigen Beratung zu bringen. Der Vorsitzende soll in letzterem Falle, wenn er von der Richtigkeit seiner gegenteiligen Ansicht voll überzeugt ist, lieber den Weg der Vertagung und, falls die Mehrheit solcher Maßregel widerspricht, die Niederlegung seines Amtes wählen, als daß er einen unberechtigten Beschluß zustande kommen läßt. In pflichtmäßiger Sorge für die abwesenden Mitglieder hat sich der Vorsitzende immer in solchen Fällen die Frage vorzulegen, ob diejenigen Mitglieder, welche der Versammlung ferngeblieben sind, nach

---

steller, auf die Statutenbestimmung verwiesen, gleichwohl bei seinem Gegenantrage verharrte, jedenfalls die Abstimmung über dieses Amendement auf eine andere Sitzung verschieben. (Vgl. jedoch S. 51 über das Recht zur Zurückweisung solcher Anträge.)

vernünftigem Ermessen annehmen durften, daß auch Anträge der gedachten Art als Gegenanträge zu dem in der Tagesordnung kundgegebenen Hauptantrage gestellt werden könnten. Wenn sie nach der Ansicht des Vorsitzenden in der Lage waren, die Einbringung solcher Anträge in den Kreis ihrer Erwägungen zu ziehen, so wird er die neuen Anträge auch zur Diskussion stellen dürfen, zumal wenn sich aus der Versammlung hiergegen kein Widerspruch erhebt. Andererseits darf aber auch ein selbst einstimmiger Beschluß der Anwesenden, falls sie nicht die Gesamtheit der Mitglieder darstellen, den Vorsitzenden nicht bestimmen, einen fremdartigen Gegenstand in die Debatte und Beschlußfassung hineinbringen zu lassen*).

*) Auch Vorsitzende mögen den Spruch Horazens beherzigen:

Justum et tenacem propositi virum
Non civium ardor prava jubentium,
Non vultus instantis tyranni
Mente quatit solida.

VII. Zurückziehung von Anträgen.

J e d e r A n t r a g (Hauptantrag, Nebenantrag, Amendement, formeller Antrag) **k a n n v o n d e m A n t r a g s t e l l e r b i s z u r A b s t i m m u n g** (ganz oder zum Teil) **z u r ü c k g e z o g e n w e r d e n.**

Ob durch die Zurückziehung des Hauptantrags auch die Nebenanträge in Wegfall kommen, richtet sich nach dem Gegenstande der letzteren: solche Nebenanträge, welche ohne den Hauptantrag selbständig bestehen können, werden durch die Zurückziehung des Hauptantrags nicht berührt. Jeder zurückgezogene Antrag kann aber von einem andern Mitgliede*)

*) Natürlich kann auch der ursprüngliche Antragsteller seinen zurückgezogenen Antrag wieder aufnehmen.

wieder aufgenommen werden, so daß durch solche Aufnahme der Wegfall des Nebenantrags verhindert werden kann. Da niemand verpflichtet ist, für seinen Antrag zu stimmen, kann ein zurückgezogener Antrag sogar in der Absicht aufgenommen werden, damit derselbe durch einen Ablehnungsbeschluß beseitigt werde.

Sobald ein Antrag zurückgezogen ist, hat der Vorsitzende dies der Versammlung zu verkünden, zu welchem Zwecke er auch einen Redner unterbrechen kann. Der Vorsitzende muß hierbei der Versammlung eröffnen, inwieweit die Zurückziehung den ferneren Verlauf der Beratung beeinflußt, ob letztere hierdurch gegenstandslos wird oder ob sie sich noch auf einzelne Punkte weiter erstrecken muß. Ist durch die Zurückziehung der Gegenstand der Debatte erledigt, so ist die Beratung zu schließen; es mag jedoch der Vorsitzende mit der Verkündung des Schlusses noch eine kurze Weile zögern, damit den Mitgliedern Zeit bleibt, die Aufnahme des Antrags in Erwägung zu ziehen. Nimmt die Debatte ihren Fortgang, so muß zunächst dem Redner, dessen Rede unterbrochen ist, die Vollendung derselben gestattet werden.

VIII. Formulierung der Anträge.

Wenn nicht gesetzlich oder statutarisch besondere Vorschriften ergangen sind, so steht einem jeden Mitgliede frei, bis zum Schlusse der Debatte Anträge zu stellen, und zwar in mündlicher oder schriftlicher Form. Mündliche Form, d. h. durch Herantreten an den Tisch des Vorsitzenden, und mündliche Mitteilung genügt namentlich dann, wenn der Antrag kurz und sofort verständlich ist, wie z. B.: „Ich beantrage die Vertagung der Sitzung“, „Ich beantrage Schluß der Debatte“, „Ich beantrage in den Hauptantrag statt der Zahl 1000 die Zahl 900 zu setzen." Der Vorsitzende wird aber im Einzelfalle berechtigt sein, schriftliche Formulierung zu verlangen, sei es, um den Inhalt des Antrags klarer übersehen, sei es, um den Antrag in Verbindung mit anderen bereits gestellten oder noch zu erwartenden Anträgen besser im Gedächtnisse behalten zu können. Für wichtige und umständlich gefaßte Anträge empfiehlt es sich sogar, dieselben durch Schrift oder Druck vervielfältigt den einzelnen Mitgliedern zugänglich zu machen.

Ist der eingereichte Antrag nicht klar gefaßt, so hat der Vorsitzende den Antragsteller auf die Bedenken hinsichtlich der Fassung hinzuweisen, will der Antragsteller aber eine entsprechende Abänderung nicht vornehmen, so muß der Antrag so, wie er formuliert ist, zur Beratung und Abstimmung gebracht werden. Doch wird, wenn der Vorsitzende seine Bedenken geäußert hat, oftmals aus dem Kreise der Mitglieder ein solchen Äußerungen Rechnung tragender Abänderungsantrag gestellt werden, welcher alsdann neben dem Hauptantrage zur Beratung und Abstimmung gelangt.

Bisweilen ist es auch Sache des Vorsitzenden, einen Antrag selbst zu formulieren, sei es, daß der Vorsitzende nach der Natur der Versammlung der Hauptredner ist (S. 20 Anmerkung), sei es, daß der Gegenstand der Beratung gewissermaßen von selbst auf solchen Antrag zielt, wie z. B. wenn es sich um die Rechnungslegung des Rendanten handelt: dann wird sich an die Ausführungen dieses Kassenbeamten und an die daran angeschlossene Debatte der Antrag anschließen müssen, hinsichtlich der Rechnung die Decharge zu erteilen, bzw. im ganzen oder in einem Teile zu verweigern. Derartige Anträge wird der Vorsitzende unbedenklich zu formulieren haben, wenn seitens der anderen Mitglieder eine Formulierung nicht erfolgt.

Werden Anträge gestellt, **welche dem Gesetze widersprechen**, beleidigende Äußerungen, unpassende Scherze oder andere Ungehörigkeiten enthalten, so ist der Vorsitzende berechtigt, die Verkündung und Beratung solcher Anträge **abzulehnen** und dem Antragsteller die Beschwerde gegen diese Entscheidung bei der Versammlung zu überlassen.

Der Antragsteller mag sich zu diesem Zwecke zum Wort melden: ob ihm dasselbe abgeschnitten werden kann, bestimmt sich nach den Grundsätzen, welche S. 28 aufgeführt sind.

Beweggründe (Motive) gehören, falls es sich nicht etwa um eine motivierte Tagesordnung handelt, **in einen Antrag nicht hinein.**

In Parlamenten werden wohl sogen. Resolutionen (mit oder ohne Angabe von Beweggründen) zum Gegenstande einer Beschlußfassung gemacht, in welchen der Regierung der Wunsch der Versammlung ausgesprochen wird, in einer bestimmten Weise Maßnahmen zu treffen. In anderen Vereinigungen kann von solchen Resolutionen auch wohl in analoger Praxis Gebrauch gemacht werden, sei es, daß einer Behörde oder einer anderen Körperschaft, mit welcher die Vereinigung in Beziehung steht, sei es, daß dem Vorsitzenden oder Vorstande der Vereinigung selbst ein Wunsch ausgesprochen wird. Resolutionen solcher Art können sich auch zu einem Mißtrauensvotum gegen den Vorsitzenden gestalten, indem sie Wünsche zum Ausdruck bringen, welchen der Vorsitzende nach seinen ausgesprochenen Grundsätzen nicht nachkommen kann oder will. In Fällen dieser Art muß das Taktgefühl den Vorsitzenden in seinen Erwägungen leiten, ob er unberechtigten Wünschen Widerstand entgegensetzen, oder ob er in dem Bewußtsein, daß das Vertrauen der Mehrheit ihm nicht mehr zur Seite stehe, sein Amt niederlegen solle.

Ein einmal abgelehnter Antrag kann zwar, soweit besondere Bestimmungen nicht entgegenstehen, von neuem wieder eingebracht werden (sowohl durch den früheren Antragsteller als auch durch einen

Dritten): wird die Erneuerung des Antrags aber nicht aus erheblichen neuen Gründen gerechtfertigt, so enthält sie oftmals eine unnötige Belästigung der bereits einmal schlüssig gewordenen Majorität. Der Vorsitzende mag daher in der geschäftlichen Behandlung solcher erneuter Anträge nach den Umständen verständig erwägen, ob sie etwa bei Festsetzung der Tagesordnung vorläufig zurückgestellt werden können und ob eine eingehende Neuverhandlung durch geeignete Schritte zur Abkürzung des Verfahrens nicht vermieden werden kann.

IX. Abstimmung über Anträge.

Den **Schluß der Debatte** hat der Vorsitzende durch eine Erklärung festzustellen, etwa in der Form: „es hat sich niemand mehr zum Worte gemeldet“ (beziehungsweise nach Annahme eines Schlußantrags): „Der Schluß der Debatte ist angenommen, ich schließe die Debatte.“ Nachdem nun noch (im Falle, daß dies dem Brauche entspricht [S. 37 Anmerkg.], der Antragsteller und) der etwa bestellte Berichterstatter „zum Schlußworte“ und, wenn sich Personen „zu einer persönlichen Bemerkung“ melden, auch noch diese unter ausdrücklicher Beschränkung zu solcher „persönlichen Bemerkung“ (S. 23) das Wort erhalten haben, erklärt der Vorsitzende:

„Wir kommen zur Abstimmung, es liegen hierzu folgende Anträge vor:“

Der Vorsitzende verliest sodann nochmals die Anträge oder läßt dieselben vom Schriftführer verlesen, kann aber auch auf Anfrage bei der Versammlung die Verlesung unterlassen, falls solche nicht verlangt wird. Nunmehr tritt der Vorsitzende in den schwierigsten Teil seiner Tätigkeit ein, die Reihenfolge, in welcher die Anträge zur Abstimmung kommen sollen, zu bestimmen. Von der Reihenfolge hängt oft das Resultat der Abstimmung ab. Der Vorsitzende hat daher die Pflicht, die Anträge so geschickt zu gruppieren, daß durch die Abstimmung der Wille der Majorität auch richtig zum Ausdruck kommt. Hierfür lassen sich bestimmte in allen Fällen passende und ausreichende Regeln nicht aufstellen; ein kluger Vorsitzender wird seine Gewandtheit in dieser Angelegenheit besonders zu bewähren haben. Einige Regeln, welche in vielen Fällen den richtigen Weg weisen werden, können aber doch bezeichnet werden:

a) Formelle Vorfragen (namentlich der Antrag auf Tagesordnung), falls dieselben nicht schon während der Debatte durch Zwischenabstimmung ihre Erledigung gefunden haben, sind vorweg zur Abstimmung zu bringen.

b) Von materiellen Anträgen ist zunächst der weitergehende vor dem engeren Antrage zur Abstimmung zu bringen, damit die Beschließenden nach der Regel, daß das Kleinere im Größeren enthalten ist, falls das Größere nicht erreicht werden kann, sich auf das Kleinere beschränken können.

Es kann auch eine geteilte Abstimmung vorgenommen werden, wenn der Antragsteller solche verlangt oder auf Antrag eines andern Mitgliedes von der Versammlung die Teilung beschlossen wird, um Mitgliedern zu ermöglichen, obwohl ihnen der Gesamtantrag unannehmbar scheint, wenigstens einen Teil desselben anzunehmen. Der Vorsitzende kann auch in dem Falle, wenn die Diskussion die Neigung zur Annahme eines Teils des Antrags ersichtlich macht, der Versammlung vor der Abstimmung vorschlagen, eine geteilte Abstimmung vorzunehmen.

c) **Abänderungsanträge (Amendements) sind vor dem Hauptantrage zu erledigen, so daß die Abstimmungsfrage bedingungsweise dahin gestellt wird, ob für den Fall der Annahme des Hauptantrags in demselben das Amendement aufgenommen (oder derselbe durch das Amendement entsprechend modifiziert) werden soll.**

Diese Praxis, welche im deutschen Reichstage, im preußischen Abgeordnetenhause und in der bayrischen Kammer durch die Geschäftsordnungen eingeführt ist, hat sich gut bewährt. Unter mehreren Abänderungsanträgen ist zunächst über den weitgehendsten, d. h. über den, welcher sich am weitesten vom Hauptantrage entfernt, abzustimmen.

d) **Stehen sich zwei Hauptanträge gegenüber, von welchen der eine den andern ausschließt, so wird, wenn nicht etwa die Regel zu b zur Anwendung kommt, der Vorsitzende die Abstimmung in der Reihenfolge vorzunehmen haben, wie sie der Zeit nach bei ihm eingegangen sind.**

Wie im einzelnen zu verfahren ist, soll an folgenden Beispielen klargestellt werden:

I. Gesetzt, es liegen folgende Anträge vor:

A. Das Versammlungshaus in der N.straße für 100000 Mk. anzukaufen. Hierzu ist das Amendement gestellt: nur 90000 Mk. unter Abtrennung des Stalls zum Ankauf zu verwenden.

B. Gegenantrag: ein neues Versammlungshaus nach dem Plane des Baumeisters O. für 120000 Mk. bauen zu lassen. Hierzu sind die Amendements gestellt:

a) unter Weglassung des Turmes nur 100000 Mk. für den Bau zu verwenden,

b) dem Baumeister O. die Bedingung zu stellen, daß er den Rohbau binnen drei Monaten vollenden müsse.

C. Gegenantrag: ein neues Versammlungshaus nach dem Plane des Maurermeisters P. für 150000 Mk. bauen zu lassen.

D. Gegenantrag: zwar einen Neubau in Aussicht zu nehmen, aber die Ausführung noch auf ein Jahr zu verschieben und dann noch über den zu benutzenden Plan besonderen Beschluß zu fassen.

In diesem Falle greift zunächst der Antrag D den Anträgen B und C vor und wird daher vor diesen zur Abstimmung zu bringen sein. Dagegen sind die Anträge A und D einander gleich geordnet. Sind sie in der Reihenfolge der Zeit nach eingegangen, wie sie vorstehend aufgeführt sind, so ergibt sich hieraus folgende Reihe in der Abstimmung, wobei wir den Vorsitzenden redend einführen wollen:

„Ich werde zunächst abstimmen lassen über das Amendement zum Antrage A, indem ich die Frage stelle, ob für den Fall der Annahme des Antrags A in denselben das Amendement als Abänderung aufgenommen werden soll. Je nachdem diese Abstimmung ausfällt, ob das Amendement angenommen oder abgelehnt wird, lasse ich abstimmen über den Antrag A in der abgeänderten oder ursprünglichen Fassung.

Wird der Antrag A in einer dieser Fassungen angenommen, so sind hierdurch alle anderen Anträge B bis D erledigt, wird er aber abgelehnt, so lasse ich abstimmen über den Antrag D. Wird dieser Antrag D angenommen, so fallen wieder die Anträge B und C fort, wird er aber abgelehnt, so kommen wir zum Antrage B, und ich lasse zunächst abstimmen, ob das Amendement a und das Amendement b für den Fall der Annahme des Antrags B angenommen werden soll. Sodann lasse ich abstimmen über den so gestalteten Antrag B (je nach der Fassung, welche er durch die Abstimmung über die Amendements erhalten hat).

Wird der Antrag B angenommen, so erledigt sich hierdurch der Antrag C, wird aber der Antrag B abgelehnt, so lasse ich abstimmen über den Antrag C, womit dann sämtliche Anträge erledigt sind."

Nachdem der Vorsitzende diese Reihenfolge vorgeschlagen hat, wartet er einige Sekunden, ob etwa ein Widerspruch aus der Versammlung geltend gemacht wird. Ergeht solcher Widerspruch und wird er nicht auf gütlichem Wege beglichen, so läßt der Vorsitzende zunächst abstimmen, ob in der von ihm vorgeschlagenen oder in der von dem Widersprechenden vorgeschlagenen Weise die Abstimmung vorgenommen werden soll, und schreitet sodann zur Abstimmung über die Anträge A bis D, wie sie durch diese Zwischenabstimmung aneinandergereiht sind.

Der Vorsitzende fährt eventuell, falls kein Widerspruch erhoben ist, also fort:

„Gegen die Reihenfolge erhebt sich kein Widerspruch, wir stimmen ab. Ich bitte, daß diejenigen, welche für den Fall der Annahme des Antrags A in denselben das Amendement aufgenommen haben wollen, sich von ihren Sitzen erheben. — Das ist die Mehrheit. — Wir stimmen also ab über den Antrag A in folgender Fassung:

„Die Versammlung wolle beschließen, das Versammlungshaus in der N.straße für 90000 Mk. unter Abtrennung des Stalls anzukaufen."

Ich bitte, daß diejenigen, welche diesen Antrag annehmen wollen, sich von den Sitzen erheben. — Das ist die Minderheit, der Antrag A ist also abgelehnt. — Wir stimmen nunmehr ab über den Antrag D*). Ich bitte, daß diejenigen, welche für den Antrag D stimmen wollen, sich von den Sitzen erheben. — Das ist die Mehrheit: der Antrag D ist angenommen und hierdurch sind die Anträge B und C (mit den Amendements) in Wegfall gekommen. Wir gehen zum nächsten Gegenstand der Tagesordnung über (bzw.: „Hierdurch ist die Tagesordnung erschöpft, ich schließe die Sitzung").

*) Ob dieser Antrag nochmals zu verlesen, nachdem er schon zu Anfang verlesen war, hängt von dem Ermessen des Vorsitzenden ab. Bei der großen Zahl der in Betracht kommenden Anträge empfiehlt sich, um Verwechselungen zu verhüten, eine nochmalige Verlesung immerhin.

Wie aus vorstehendem Beispiele ersichtlich ist, hat der Vorsitzende

a) die Abstimmung so zu leiten, daß er die Frage stellt, ob der Antrag angenommen werden soll, sodaß sich die Abstimmenden in bejahendem oder verneinendem Sinne äußern können*).

b) Die Abstimmung kann nur in der Weise geschehen, daß die Abstimmenden durch ein Zeichen oder ähnliche konkludente Handlungen (Aufstehen, Handerheben, Hinübertreten auf die eine Seite des Saals und dergl.) ihren Willen äußern.

Sie kann aber auch in mündlicher oder schriftlicher Form erklärt werden. Bei **mündlicher (namentlicher) Abstimmung** verliest der Schriftführer die Namen der Mitglieder, nachdem der Vorsitzende die Anwesenden aufgefordert hat, sie möchten im Falle der Annahme des Antrags mit „Ja", im Falle der Ablehnung mit „Nein" antworten. Der Schriftführer macht sodann bei der Vorlesung eines jeden Namens, falls eine Antwort bei dem Namen erfolgt, in der Liste ein Zeichen, daß das betreffende Mitglied abgestimmt habe, und notiert hierbei, ob die Abstimmung in bejahendem oder verneinendem Sinne ausgefallen ist. Hierbei wird er von einem zweiten Schriftführer oder einem sonst hierzu besonders von dem Vereine ausgewählten Mitgliede in der Notierung der Stimmenzahl kontrolliert.

Im preuß. Abgeordnetenhause werden die Namenslisten alphabetisch geführt und besteht der Brauch, daß nach Aufruf der Namen nochmals den Mitgliedern, welche die Abstimmung versäumt haben, Gelegenheit gegeben wird, sich zu melden. Zu diesem Zwecke ruft der Schriftführer noch einen jeden Buchstaben des Alphabets auf, wozu die säumigen Mitglieder, deren Namen mit dem betreffenden Buchstaben anfangen, ihre Stimme unter Nennung ihres Namens an-

*) Bei Wahlen wird die Abstimmung anders geregelt (S. 64).

geben können (Rekapitulation). Ein solches Verfahren empfiehlt sich namentlich bei größeren Vereinen, doch könnte man wohl auch nach Verlesung der Namen den Säumigen überlassen, sich selbst zu melden und die Abstimmung nachzuholen, wozu der Vorsitzende dann noch eine kleine Pause machen müßte.

Im deutschen Reichstage hat man seit einigen Jahren, um die für namentliche Abstimmungen erforderliche Zeitdauer abzukürzen, die namentliche Abstimmung in folgender Form eingeführt (§ 58):

„Der Präsident fordert die Mitglieder auf, ihre Plätze einzunehmen. Die Schriftführer haben alsdann von den einzelnen Mitgliedern die Abstimmungskarten entgegenzunehmen und in Urnen zu sammeln. Die Abstimmungskarten tragen den Namen des Abstimmenden und die Bezeichnung ‚Ja', ‚Nein' oder ‚Enthalte mich'. Nach Beendigung der Sammlung erklärt der Präsident die Abstimmung für geschlossen. Die Zählung der Stimmen geschieht durch die Schriftführer. Die Namen der Abstimmenden und ihre Abstimmungen werden in den stenographischen Bericht der Sitzungen aufgenommen."

Sobald die Abstimmung hiernach beendet ist, erklärt der Vorsitzende: „Die Abstimmung ist geschlossen" und nachdem die Zahl der Stimmen nunmehr noch addiert ist, verkündet er das Resultat etwa in der Weise:

„Das Resultat der Abstimmung ist folgendes: Es haben an der Abstimmung teilgenommen 64 Personen, die absolute Majorität beträgt also 33. Mit „Ja" haben gestimmt 40, mit „Nein" haben gestimmt 24: der Antrag ist also angenommen."

Die schriftliche Abstimmung ist vornehmlich im Gebrauche bei Wahlen, von denen an anderen Stellen dieses Buches die Rede ist (S. 14 u. 64). Sie kann aber auch zur Geheimhaltung der Stimmabgabe sehr wohl bei Abstimmung über Anträge zur Anwendung kommen, in welchem Falle die Stimmzettel ohne Namensangabe mit dem Vermerke „Ja“ oder „Nein“ zu versehen wären. Das Verfahren gestaltet sich dann im übrigen dem schriftlichen Wahlverfahren entsprechend.

Falls nicht namentlich oder schriftlich abgestimmt wird, besonders bei Abstimmung durch Aufstehen oder Handerheben, entsteht oft in großen Versammlungen ein Zweifel darüber, ob diejenigen, welche für einen Antrag gestimmt haben, die Majorität oder Minorität der Versammlung ausmachen. In solchem Falle stellt der Vorsitzende eine Gegenprobe an, indem er diejenigen, welche gegen den Antrag stimmen wollen, in entsprechender Weise sich äußern läßt. Ist auch auf diesem Wege noch kein sicheres Resultat zu erzielen, so kann zum sogen. Hammelsprung geschritten werden. Der Vorsitzende fordert zu diesem Behufe alle Anwesenden auf, sich aus dem Saale zu entfernen und demnächst durch zwei verschiedene Türen wieder einzutreten, wobei der Eintritt durch die eine Tür als Bejahung, der Eintritt durch die andere Tür als Verneinung der Frage angesehen werden soll. An jeder Tür werden sodann je zwei Zähler innerhalb des Saales aufgestellt, welche die eintretenden Mitglieder übereinstimmend laut zählen und demnächst das Resultat der Zählung dem Vorsitzenden bekannt geben. Letzterer und die vier Zähler stimmen dann noch unter sich ab, worauf der Vorsitzende das Ergebnis der Abstimmung verkündet.

Bei Stimmengleichheit für und gegen einen Antrag muß derselbe, weil sich eine Mehrheit für ihn nicht ergeben hat, als abgelehnt gelten (wenn nicht etwa in den Statuten vorgesehen ist, daß die Stimme des Vorsitzenden in diesem Falle den Ausschlag geben soll).

Wollen sich Mitglieder der Abstimmung enthalten so geschieht dies am einfachsten durch Verlassen des Saales während der Abstimmung; bei Namensaufruf auch durch die ausdrückliche Erklärung: „ich enthalte mich der Abstimmung“, bei schriftlicher Abstimmung durch Abgabe unbeschriebener (sogen. weißer) Zettel. Erfordern Gesetz oder Statut die Anwesenheit einer gewissen Anzahl von Mitgliedern für die Gültigkeit der Abstimmung, so könnte allerdings das Verlassen des Saales die Beschlußfähigkeit der Versammlung beeinträchtigen, und muß deshalb in geeigneter Weise die

Teilnahme an der Abstimmung gekennzeichnet werden, damit auch die sich enthaltenden Mitglieder bezüglich der Beschlußfähigkeit mitgezählt werden können: sie stimmen gleichsam halb gegen, halb für den Antrag. Wird aber zur Gültigkeit eines Beschlusses auch noch erfordert, daß die Mehrheit der Anwesenden sich für den Antrag entscheidet, dann können die sich enthaltenden Mitglieder nur den Gegnern des Antrages hinzugerechnet werden.

Ob Mitglieder sich für die Abstimmungen durch Bevollmächtigte (aus der Zahl der Mitglieder oder Nichtmitglieder) vertreten lassen dürfen, entscheidet sich nach dem Statut. Enthält dasselbe über die Zulässigkeit der Vertretung nichts, so wird man in der Regel annehmen können, namentlich bei Vereinigungen des öffentlichen Rechts, daß eine Vertretung unzulässig ist. Das muß auch für die Fälle gelten, wenn Repräsentanten, Bedienstete oder Kommissarien des Vereins sich in den ihnen zugewiesenen Funktionen vertreten lassen wollten: ist nicht ein für allemal ein Stellvertreter für sie bestimmt, so muß der Verein (bzw. der etwa zur Anstellung befugte Vorsitzende) den erforderlichen Stellvertreter bestimmen.

Es sollen hier noch zwei weitere Beispiele für die Reihenfolge bei Abstimmungen eingefügt werden.

II. Gesetzt, daß folgende Anträge vorliegen:

A beantragt, auf ein Vereinsgrundstück eine Darlehnshypothek von 10000 Mk. aufzunehmen;

B beantragt, nur 9000 Mk. Darlehnshypothek aufzunehmen, und hierzu stellt C das Amendement, das Darlehn nur unter Ausbedingung einer vierwöchentlichen Kündigung aufzunehmen;

D beantragt, das aufzunehmende Darlehn je nach dem Antrage A und B nur gegen Schuldschein aufzunehmen;

E beantragt, jede Anleihe abzulehnen.

Hier kann der Antrag D, der auf die Hypothekenaufnahme einen Schuldschein voraussetzt, als Amendement zu den Anträgen A und B angesehen werden.

Fraglich ist nun zunächst, ob der Antrag A oder E der weitgehendste ist und also bei der Abstimmung vorgehen muß. Unbedenklich muß man sagen, daß der Antrag A, als ein positiver, der weitgehendste und der Antrag E, als einfache Negation aller Anträge A, B, C und D, der engste ist, wenn der Antrag E auch im Negieren am weitesten geht. Der Regel nach müßte also der Antrag E vor den übrigen zurücktreten. Hat die Diskussion aber ergeben, daß voraussichtlich die ersten vier Anträge eine Mehrheit nicht erhalten werden, so kann der Vorsitzende sich aus Zweckmäßigkeitsrücksichten über die Regel hinwegsetzen und die Abstimmung mit dem Antrage E beginnen. Wird derselbe angenommen, so sind zugleich die Anträge A, B, C und D abgelehnt. Wird aber der Antrag E abgelehnt, so liegt die Sache noch so wie vor der Abstimmung. Denn im Falle, daß keiner der Anträge zu A, B, C und D zur Annahme gelangt, ergibt sich gleichwohl dasselbe Resultat, als ob der Antrag E angenommen wäre. Der Vorsitzende wird es daher mit dem Abweichen von der Regel nicht so leicht nehmen dürfen. Unter Beibehaltung der regelmäßigen Reihenfolge gestaltet sich dann die Abstimmung also:

Vor den Anträgen kommen zunächst zur Abstimmung die Amendements C und D. Werden sie abgelehnt, so stehen sich gegenüber die Anträge A und B in ihrer ursprünglichen Gestalt. Werden aber die Amendements C und D angenommen, so nehmen die Anträge A und B folgende Gestalt an:

a) Soll ein Darlehn über 10000 Mk. auf Schuldschein aufgenommen werden (modifizierter Antrag A)? oder

b) Soll ein Darlehn über 9000 Mk. auf Schuldschein unter Ausbedingung einer vierwöchentlichen Kündigung aufgenommen werden (modifizierter Antrag B)?

Es ist dann zunächst über den Antrag nach Frage a, als den weiteren, abzustimmen. Wird er angenommen, so erledigt sich hierdurch die Abstimmung über den Antrag zur Frage b und den Antrag E; wird er aber abgelehnt, dann kommt der Antrag zur Frage b zur Abstimmung. Wird letzterer angenommen, so ist der Antrag E erledigt; im Falle der Ablehnung aber kann der Vorsitzende ohne weitere Abstimmung konstatieren, daß hiernach die Entscheidung im Sinne des Antrags E erfolge, da alle Anträge abgelehnt seien, es daher einer besonderen Abstimmung über Antrag E nicht mehr bedürfe*).

III. Ein drittes Beispiel sei aus den Fällen gewählt, wenn mehrere koordinierte Anträge vorliegen, welche verschiedene Ziele verfolgen und untereinander sich völlig ausschließen. Gesetzt, es handelt sich um die Beschlußfassung über die Verwendung eines Kassenüberschusses. Hierzu liegen folgende Anträge vor:

a) den Ueberschuß zinsbar zu einem zu gründenden Unterstützungsfonds anzulegen,

b) den Ueberschuß unter die Mitglieder zu verteilen,

c) den Ueberschuß zur Beschaffung einer Bibliothek zu verwenden,

d) den Ueberschuß zur Unterstützung der Witwe des verstorbenen Mitgliedes N. zu überweisen.

In diesem Falle kann man bei der Abstimmung zwei Wege einschlagen:

---

*) Wie wichtig die Innehaltung einer richtigen Reihenfolge bei der Abstimmung ist, läßt sich bei diesem Beispiele leicht klarmachen. Gesetzt, die Anhänger des Antrags a, des Antrags b und die Gegner beider Anträge machen je 1/3 der Abstimmenden aus. Ließe nun der Vorsitzende richtig zunächst über den Antrag a abstimmen, so würde dieser mit 2/3 Stimmen Majorität abgelehnt werden. Käme es dann zur Abstimmung über Antrag b, so würden für denselben auch die Anhänger des Antrags a noch stimmen können und hierdurch der Antrag b eine Majorität von 2/3 der Stimmen erhalten.

Ließe aber der Vorsitzende unrichtig zunächst über den Antrag b abstimmen, so würden demselben die Anhänger des Antrags a, um ihren Antrag nicht zu Falle zu bringen, ablehnen müssen und somit der Antrag b nur 1/3 der Stimmen erhalten. Wenn dann aber über den Antrag a abgestimmt würde, so könnten wieder gegen denselben die Anhänger des Antrags b, welche über diesen nicht hinausgehen wollten, stimmen und hierdurch auch dieser Antrag a mit 2/3 Stimmenmehrheit abgelehnt werden.

1. Nach der Serienmethode wird über jeden der Anträge besonders abgestimmt und zwar in der Reihenfolge, wie sie der Zeit nach eingegangen sind und wie sie in obigem Beispiele bereits aneinander gereiht sein mögen. Es kommt also zunächst zur Abstimmung der Antrag a. Wird derselbe angenommen, so erledigen sich hierdurch die Anträge b, c und d, wird er aber abgelehnt, so wird weiter abgestimmt über den Antrag b. Wird Antrag b angenommen, so erledigen sich wieder die Anträge c und d, wird er aber abgelehnt, so wird abgestimmt über den Antrag c usw.

2. Nach der Eliminierungsmethode werden immer zwei der Anträge bei der Abstimmung sich gegenübergestellt mit der Frage, ob dem einen oder dem anderen der Vorzug zu geben ist. So würde also zunächst über die Anträge a und b abgestimmt werden mit der Frage, ob dem Antrage a der Vorzug vor dem Antrage b gegeben werden soll. Wird diese Frage bejaht, so scheidet Antrag b als minderwertig aus und es kommen nur noch die Anträge a, c und d in Betracht; wird aber die Frage verneint, so scheidet der Antrag a aus und es bleiben nur noch die Anträge b, c und d zu berücksichtigen. Nun wird wieder die Frage gestellt, ob dem Antrage a (bzw. b) vor dem Antrage c der Vorzug zu geben ist. Wird diese Frage bejaht, so scheidet Antrag c aus, wird sie verneint, so scheidet Antrag a (bzw. b) aus. Sodann wird der übrig gebliebene Antrag a (bzw. b oder c) gegenübergestellt dem Antrage d und abermals scheidet der minderwertige aus, so daß nur noch einer der Anträge, als der meistbevorzugte, verbleibt, über welchen dann abzustimmen ist, ob er angenommen wird. Wird dieser Antrag dann angenommen, so ist er hiermit definitiv zum Beschlusse der Versammlung erhoben, wird er aber abgelehnt, so sind mit dieser Abstimmung alle Anträge als abgelehnt zu erachten.

Welcher der beiden angegebenen Wege (zu 1 oder 2) einzuschlagen ist, mag dem Ermessen des Vorsitzenden überlassen bleiben, der gebräuchlichere ist der der Serienmethode (zu 1), der andere Weg ist zwar weitläufiger, aber auch mehr geeignet, den Antrag, welcher nach Ansicht der Mehrheit sich am meisten empfiehlt, zum Siege zu verhelfen.

Sollte etwa nach den Statuten für gewisse Angelegenheiten eine größere Majorität als die einfache Mehrheit der Stimmen zu einem Beschlusse erforderlich sein, z. B. eine Mehrheit von zwei Dritteln, dann würde doch zunächst bei der Eliminierungsmethode nach einfacher Majorität abzustimmen sein, und erst für die Schlußabstimmung, in welcher es sich darum handelt, ob der hiernach als relativ bester ermittelte Antrag definitiv zum Beschluß erhoben werden soll, würde die statutenmäßige größere Mehrheit erforderlich sein.

X. Abstimmung bei Wahlen.

Die Abstimmungen bei Vorname von Wahl folgen insofern andern Regeln, als es sich bei solchen Abstimmungen nicht um Bejahung oder Verneinung einer Frage zu handeln pflegt, sondern um Benennung einer zu wählenden Person.

Die Bejahungsform könnte nur dann etwa zur Anwendung gebracht werden, wenn eine bestimmte Person für die Wahl in Aussicht genommen wäre und nun weder der gewöhnliche Weg der Stimmzettelwahl noch auch der außergewöhnliche Weg der Akklamationswahl (S. 14) eingeschlagen würde, sondern auf Vorschlag des Vorsitzenden man über die Frage Beschluß faßte, ob eine bestimmte Person gewählt werden solle. Ein solches Verfahren könnte aber nur dann gebilligt werden, wenn gegen dasselbe von keiner Seite Widerspruch erhoben würde.

Der ordnungsmäßige Wahlmodus bleibt immer der schriftliche, welcher bereits oben bei Gelegenheit der Vorsitzendenwahl geschildert wurde (S. 15) und in gleicher Weise bei Wahlen von anderen Personen — unter Leitung des Vorsitzenden oder seines Stellvertreters — zur Anwendung zu bringen ist. Diese Wahl wird in der

Regel eine geheime sein, da die Abstimmenden ihre Stimmzettel zusammengefaltet abgeben können.

Sind mehrere Personen zu wählen, so kann dies durch Zerlegung des Wahlakts in Einzelwahlen geschehen. Doch ist auch, um ein so ermüdendes Vorgehen zu vermeiden, möglich, die sämtlichen zu wählenden Personen auf einem Zettel zu bezeichnen. Handelt es sich um die Wahl von Gleichberechtigten, z. B. um die Wahl von 7 Kommissionsmitgliedern, so kann jeder Wähler eine entsprechende Anzahl von Namen (also in diesem Falle 7) ohne weiteren Zusatz auf einen Zettel schreiben. Handelt es sich aber um eine Wahl ungleichartiger Personen, z. B. um die Wahl eines Vorsitzenden, eines Stellvertreters, eines Rendanten und eines Schriftführers, so muß der Wähler nicht allein die Namen, sondern auch die Stellung des Gewählten auf dem Zettel kenntlich machen, z. B. „N. als Vorsitzender, O. als Stellvertreter, P. als Rendant, Q. als Schriftführer", es sei denn, daß vor Abgabe der Zettel festgesetzt wäre, es solle auf den Zetteln die Reihenfolge der Namen, auch die Stellung des Gewählten zum Ausdruck bringen, z. B. der erste Name solle den Vorsitzenden, der zweite Name den Stellvertreter, der dritte Name den Rendanten, der vierte Name den Schriftführer bezeichnen. Das Resultat bei solchen gemeinsamen Wahlen wird entsprechend den Vorschriften für Einzelwahlen festgestellt: Zunächst gelten die als gewählt, welche die absolute Mehrheit der Stimmen erhalten haben, und falls sich hierdurch die Wahl noch nicht erledigt, so wird wiederum zwischen denen, welche relativ die meisten Stimmen erhalten haben, die engere Wahl vorgenommen. Ein Stimmzettel, welcher eine größere Zahl von Namen enthält, als die Zahl der zu wählenden Personen ausmacht, ist ungültig, indem nicht festgestellt werden kann, welchen der benannten Personen vom Wähler der Vorzug gegeben werden soll. Enthält dagegen ein Stimmzettel nur eine geringere Zahl von Namen, als die Zahl der zu wählenden Personen ausmacht, so ist derselbe gültig, indem sich aus ihm nur eine teilweise Wahlenthaltung kundgibt.

Eine besondere Wahlart für die Wahl mehrerer Personen ist **die Listenwahl**, in welcher gewisse Parteien nach der Verhältniszahl ihrer Anhänger Berücksichtigung finden. Wie bei der Listenwahl verfahren wird, läßt sich am besten an einem Beispiele klar machen. Gesetzt, es sind in einem Vereine vier Parteirichtungen, welche ihrer Stärke entsprechend vertreten sein möchten, also etwa die Partei der Gutsbesitzer, der Beamten, der Kaufleute und der Offiziere, und es wäre nur eine Kommission von 7 Mitgliedern zu wählen. Dann schreibt jedes Mitglied zunächst auf seinen Stimmzettel den Namen der Partei, für welche er wählen will, und sodann 7 Namen der Personen, welchen er seine Stimme geben will. Bei der Herausnahme aus der Wahlurne werden die Zettel zuerst nach der Parteiordnung geordnet. Das Resultat soll einmal so angenommen werden, daß für die Kaufleute 50 Zettel, für die Beamten 40 Zettel, für die Gutsbesitzer 24 Zettel und für die Offiziere 14 Zettel abgegeben sind, dann erhalten zunächst die Kaufleute und die Beamten je einen Kanditaten, weil sie die meisten Stimmen erhalten haben. Bevor aber die Gutsbesitzer mit ihren 24 Stimmen einen Kandidaten erhalten, würden die Kaufleute, auf welche 2×25 Stimmen gefallen sind, noch einen zweiten Kandidaten zu beanspruchen haben und somit fällt der dritte Kandidat auf sie. Den vierten Kandidaten erhalten dann die Gutsbesitzer auf 24 Stimmen. Der fünfte Kandidat entfällt dann wieder nicht auf die Offiziere mit ihren 14 Stimmen, sondern auf die Beamten, weil sie 2×20 Stimmen erhalten haben. Auch der sechste Kandidat steht den Offizieren nicht zu, sondern den Kaufleuten, weil ihre Stimmen $3 \times 16^2/_3$ ausmachen, und ihnen daher eher ein dritter Kandidat zufallen muß als den Offizieren, welche nur 1×14 Stimmen erhalten haben, hierfür aber den siebenten Kandidaten beanspruchen können, indem ihnen mit der Stimmenzahl die Kaufleute nicht vierfach, die Beamten nicht dreifach und die Gutsbesitzer nicht zweifach überlegen sind. Es gestaltet sich daher das Resultat also: es erhalten die Kaufleute drei, die Beamten zwei, die Gutsbesitzer einen und die Offiziere einen Kandidaten. Welche Personen aber aus den einzelnen Parteien auszuwählen sind, bestimmt sich nach der Mehrzahl der Stimmen auf ihren Parteistimmzetteln. Enthalten die Zettel der einzelnen Parteien gleiche Namen, haben sich also die einzelnen Parteimitglieder auf bestimmte Kandidaten geeinigt, so gelten die Kandidaten als gewählt, welche die ersten Stellen auf den Zetteln erhalten haben, also in unserem Beispiele die drei Personen, welche auf den Zetteln der Kaufleute in den ersten Stellen stehen, die zwei Personen, welche auf den Zetteln der Beamten die ersten Stellen einnehmen, und die erstbenannte Person auf den Zetteln der Gutsbesitzer und Offiziere*).

Durch solche Listenwahlen kommen die Minoritäten auch zu ihrem Rechte. Entschiede lediglich die Majorität aus allen Stimmzetteln zusammengerechnet, so hätte sich in unserem Falle folgendes Resultat ergeben: es wären nur Kandidaten der Kaufleute und Beamten in die engere Wahl gekommen und hierbei hätten die Gutsbesitzer und Offiziere den Ausschlag geben können, daß nur Kaufleute oder nur Beamte gewählt wurden. Daß aber die Minoritäten auch mit ihrer Ansicht zur Geltung kommen, ist namentlich bei der Einsetzung von Kommissionen, welche gewissermaßen den Willen der Gesamtheit durch Stellvertretung zum Ausdruck bringen sollen, dringend wünschenswert. Man kann aber gleichwohl bei solcher Kommissionswahl von der Listenwahl absehen und den einzelnen Parteien überlassen, eine ihrer Mitgliederzahl entsprechende Anzahl von Kandidaten vorzuschlagen (proportionale Wahl). So pflegt z. B. in den Parlamenten verfahren zu werden, indem den Fraktionen eine ihrer Stärke entsprechende Zahl von Kommissionsmitgliedern zugestanden wird. Die von den Fraktionen vorgeschlagenen Kandidaten werden dann

---

*) Auch hier muß wieder die oben (S. 65) angegebene Regel gelten, daß wenn auf einem Zettel mehr Personen bezeichnet sind, als die Zahl der zu wählenden Personen (aus allen Parteien) beträgt, solcher Zettel ungültig ist, daß dagegen die Angabe einer geringeren Zahl von Personen die Gültigkeit des Zettels nicht beeinträchtigt.

auch von den andern Parteien gewählt. Hierdurch werden die Kommissionsberatungen vor Einseitigkeit bewahrt und wird dem Referenten für seinen Bericht das Abwägen der Gründe und Gegengründe ermöglicht. Sollte in einem Vereine für Kommissionswahlen ein entsprechender Brauch noch nicht bestehen, so würde es Aufgabe des Vorsitzenden sein, vor der Wahl auf solche Berücksichtigung aller Ansichten durch Ansprache an die Versammlung hinzuwirken.

Handelt es sich um **Aufnahme neuer Mitglieder** in einen Verein, so besteht hierfür in vielen Vereinen die Einrichtung der **Ballotage**. Jedes abstimmende Mitglied erhält zu diesem Zwecke eine weiße und eine schwarze Kugel. Diese Kugeln legen die Mitglieder sodann, ohne die Farbe der Kugeln hierbei sichtbar werden zu lassen, in zwei Behälter. Der eine Behälter ist für die Feststellung der Wahl bestimmt. Wird in diesen Behälter eine weiße Kugel gelegt, so wird hierdurch die Zustimmung des Mitgliedes zum Eintritt in den Verein zum Ausdruck gebracht, durch das Hineinlegen einer schwarzen Kugel dagegen wird die Ablehnung der neuen Mitgliedschaft gekennzeichnet Die zweite Kugel legt das wählende Mitglied ebenfalls verdeckt in den andern Behälter, welcher lediglich dem Zwecke dient, die andere Kugel wieder abzuliefern und hierbei das Geheimnis der Wahl zu wahren. Je nachdem sich nun in dem ersten Behälter eine Mehrzahl von weißen oder schwarzen Kugeln vorfindet, ist die Aufnahme oder Zurückweisung der zur Wahl stehenden Person beschlossen. Hierbei kommt es jedoch auf die Statuten an, welche vielfach eine stärkere Majorität, selbst gar Einstimmigkeit erfordern.

XI. Behandlung von Vorlagen in wiederholten Lesungen.

Für die Beratung und Beschlußfassung über einzelne gestellte Anträge genügt in der Regel ein einheitliches Vorgehen mit der Maßgabe, daß, falls die Beratung in der einen Sitzung noch nicht zu Ende geführt werden kann, die Rednerliste noch nicht erschöpft und der Beratungsgegenstand noch nicht hinreichend aufgeklärt ist, eine Vertagung zur Fortsetzung auf eine andere Sitzung erfolgt, in welcher dann auch durch einmalige Abstimmung die Angelegenheit definitiv zum Austrag gebracht wird. Handelt es sich aber um Beratung und Beschluß über eine umfangreiche Vorlage, über ein ganzes Statut, einen Vertrag mit vielen Paragraphen, so könnte man auch — entsprechend der Praxis der Parlamente bei der Erörterung von Gesetzentwürfen — die Beratung in drei Stadien (Lesungen) zerlegen, und zwar

a) in eine erste Beratung, welche nur die Generaldebatte zuläßt, d. h. die Besprechung des Gegenstandes in seiner Gesamtheit, wobei Abänderungsanträge nicht gestellt, aber schon in ihren Grundzügen angekündigt werden dürfen. Der Antrag auf Tagesordnung ist zulässig. Sonst hat diese Beratung keine weitere Beschlußfassung zum Ziele als über die Frage, ob der Beratungsgegenstand in eine Kommission verwiesen oder alsbald weiter in einer zweiten Plenarberatung behandelt werden soll.

b) In einer zweiten Beratung werden dann die einzelnen Bestimmungen nach Paragraphen oder sonstigen Abschnitten einzeln beraten und zur Abstimmung gebracht, und zwar unter Mitberücksichtigung der hierzu etwa eingegangenen Abänderungsanträge. Wird jede einzelne Bestimmung schlechthin abgelehnt, so ist hierdurch auch die ganze Vorlage definitiv gefallen. Andernfalls kommt

c) der nach den Beschlüssen der zweiten Lesung umgestaltete Entwurf noch zu einer dritten Beratung, welche wieder mit einer Generaldebatte über das nun vorliegende Werk beginnt, dann zur Spezialberatung über die einzelnen Bestimmungen übergeht. Bei dieser sind wieder Abänderungsanträge zulässig (auch auf Herstellung der ursprünglichen Vorlage). An die Abstimmung über die Einzelbestimmungen schließt sich dann endlich die Abstimmung über die so gestaltete Gesamtvorlage. Diese **Schlußabstimmung** ist die **entscheidende** für die Vorlage, indem die letztere ungeachtet der Annahme der Einzelbestimmungen in der Gesamtheit noch abgelehnt werden kann*).

Es leuchtet ohne weiteres ein, daß dieser umständliche Weg der drei Lesungen in Vereinen nur ausnahmsweise bei Vorlagen von großem Umfange eingeschlagen werden sollte und daß selbst bei solchen der Regel nach eine erste eingehende Beratung wegfallen könnte, da die Beratung und Abstimmung in den Formen der beiden Lesungen zu b und c zu einer gründlichen Durchberatung völlig ausreichen dürfte, zumal, wenn die Vorlage vorweg ohne eingehende Erörterung im Plenum einer Kommission zur Vorberatung überlassen wäre.

---

*) Auch hier gilt, falls die Statuten eine größere Majorität als die einfache Stimmenmehrheit erfordern, die S. 64 erwähnte Regel: bei den Einzelabstimmungen genügt dann gleichwohl die einfache Stimmenmehrheit, erst bei der Schlußabstimmung über die ganze Vorlage wird die größere Mehrheit erfordert.

Anhang.

I. Auszug aus dem Bürgerlichen Gesetzbuche.

I. Vereine.

1. Allgemeine Vorschriften.

§ 21. Ein Verein, dessen Zweck nicht auf einen wirtschaftlichen Geschäftsbetrieb gerichtet ist, erlangt Rechtsfähigkeit durch Eintragung in das Vereinsregister des zuständigen Amtsgerichts.

§ 22. Ein Verein, dessen Zweck auf einen wirtschaftlichen Geschäftsbetrieb gerichtet ist, erlangt in Ermangelung besonderer reichsgesetzlicher Vorschriften Rechtsfähigkeit durch staatliche Verleihung. Die Verleihung steht dem Bundesstaate zu, in dessen Gebiete der Verein seinen Sitz hat.

§ 23. Einem Vereine, der seinen Sitz nicht in einem Bundesstaate hat, kann in Ermangelung besonderer reichsgesetzlicher Vorschriften Rechtsfähigkeit durch Beschluß des Bundesrats verliehen werden.

§ 24. Als Sitz eines Vereins gilt, wenn nicht ein anderes bestimmt ist, der Ort, an welchem die Verwaltung geführt wird.

§ 25. Die Verfassung eines rechtsfähigen Vereins wird, soweit sie nicht auf den nachfolgenden Vorschriften beruht, durch die Vereinssatzung bestimmt.

§ 26. Der Verein muß einen Vorstand haben. Der Vorstand kann aus mehreren Personen bestehen.

Der Vorstand vertritt den Verein gerichtlich und außergerichtlich; er hat die Stellung eines gesetzlichen Vertreters. Der Umfang seiner Vertretungsmacht kann durch die Satzung mit Wirkung gegen Dritte beschränkt werden.

§ 27. Die Bestellung des Vorstandes erfolgt durch Beschluß der Mitgliederversammlung.

Die Bestellung ist jederzeit widerruflich, unbeschadet des Anspruchs auf die vertragsmäßige Vergütung. Die Widerruflichkeit kann durch die Satzung auf den Fall beschränkt werden, daß ein wichtiger Grund für den Widerruf vorliegt; ein solcher Grund ist insbesondere grobe Pflichtverletzung oder Unfähigkeit zur ordnungsmäßigen Geschäftsführung.

Auf die Geschäftsführung des Vorstandes finden die für den Auftrag geltenden Vorschriften der §§ 664 bis 670 entsprechende Anwendung.

§ 28. Besteht der Vorstand aus mehreren Personen, so erfolgt die Beschlußfassung nach den für die Beschlüsse der Mitglieder des Vereins geltenden Vorschriften der §§ 32, 34.

Ist eine Willenserklärung dem Vereine gegenüber abzugeben, so genügt die Abgabe gegenüber einem Mitgliede des Vorstandes.

§ 29. Soweit die erforderlichen Mitglieder des Vorstandes fehlen, sind sie in dringenden Fällen für die Zeit bis zur Hebung des Mangels auf Antrag eines Beteiligten von dem Amtsgerichte zu bestellen, in dessen Bezirke der Verein seinen Sitz hat.

§ 30. Durch die Satzung kann bestimmt werden, daß neben dem Vorstande für gewisse Geschäfte besondere Vertreter zu bestellen sind. Die Vertretungsmacht eines solchen Vertreters erstreckt sich im Zweifel auf alle Rechtsgeschäfte, die der ihm zugewiesene Geschäftskreis gewöhnlich mit sich bringt.

§ 31. Der Verein ist für den Schaden verantwortlich, den der Vorstand, ein Mitglied des Vorstandes oder ein anderer verfassungsmäßig berufener Vertreter durch eine in Ausführung der ihm zustehenden Verrichtungen begangene, zum Schadensersatze verpflichtende Handlung einem Dritten zufügt.

§ 32. Die Angelegenheiten des Vereins werden, soweit sie nicht von dem Vorstand oder einem anderen Vereinsorgane zu besorgen sind, durch Beschlußfassung in einer Versammlung der Mitglieder geordnet. Zur Gültigkeit des Beschlusses ist erforderlich, daß der Gegenstand bei der Berufung bezeichnet wird. Bei der Beschlußfassung entscheidet die Mehrheit der erschienenen Mitglieder.

Auch ohne Versammlung der Mitglieder ist ein Beschluß gültig, wenn alle Mitglieder ihre Zustimmung zu dem Beschlusse schriftlich erklären.

§ 33. Zu einem Beschlusse, der eine Aenderung der Satzung enthält, ist eine Mehrheit von drei Vierteilen der erschienenen Mitglieder erforderlich. Zur Aenderung des Zweckes des Vereins ist die Zustimmung aller Mitglieder erforderlich; die Zustimmung der nicht erschienenen Mitglieder muß schriftlich erfolgen.

Beruht die Rechtsfähigkeit des Vereins auf Verleihung, so ist zu jeder Aenderung der Satzung staatliche Genehmigung oder, falls die Verleihung durch den Bundesrat erfolgt ist, die Genehmigung des Bundesrats erforderlich.

§ 34. Ein Mitglied ist nicht stimmberechtigt, wenn die Beschlußfassung die Vornahme eines Rechtsgeschäfts mit ihm oder die Einleitung oder Erledigung eines Rechtsstreits zwischen ihm und dem Vereine betrifft.

§ 35. Sonderrechte eines Mitglieds können nicht ohne dessen Zustimmung durch Beschluß der Mitgliederversammlung beeinträchtigt worden.

§ 36. Die Mitgliederversammlung ist in den durch die Satzung bestimmten Fällen sowie dann zu berufen, wenn das Interesse des Vereins es erfordert.

§ 37. Die Mitgliederversammlung ist zu berufen, wenn der durch die Satzung bestimmte Teil oder in Ermangelung einer Bestimmung der zehnte Teil der Mitglieder die Berufung schriftlich unter Angabe des Zweckes und der Gründe verlangt.

Wird dem Verlangen nicht entsprochen, so kann das Amtsgericht, in dessen Bezirke der Verein seinen Sitz hat, die Mitglieder, welche das Verlangen gestellt haben, zur Berufung der Versammlung ermächtigen und über die Führung des Vorsitzes in der Versammlung Bestimmung treffen. Auf die Ermächtigung muß bei der Berufung der Versammlung Bezug genommen werden.

§ 38. Die Mitgliedschaft ist nicht übertragbar und nicht vererblich. Die Ausübung der Mitgliedschaftsrechte kann nicht einem anderen überlassen werden.

§ 39. Die Mitglieder sind zum Austritt aus dem Vereine berechtigt.

Durch die Satzung kann bestimmt werden, daß der Austritt nur am Schlusse eines Geschäftsjahrs oder erst nach dem Ablauf einer Kündigungsfrist zulässig ist; die Kündigungsfrist kann höchstens zwei Jahre betragen.

§ 40. Die Vorschriften des § 27 Abs. 1, 3, des § 28 Abs. 1 und der §§ 32, 33, 38 finden insoweit keine Anwendung, als die Satzung ein anderes bestimmt.

§ 41. Der Verein kann durch Beschluß der Mitgliederversammlung aufgelöst werden. Zu dem Beschluß ist eine Mehrheit von drei Vierteilen der erschienenen Mitglieder erforderlich, wenn nicht die Satzung ein anderes bestimmt.

(Es folgen sodann in den §§ 42—53 Bestimmungen über Verlust der Rechtsfähigkeit, über den Anfall und Liquidation des Vereinsvermögens.)

§ 54. Auf Vereine, die nicht rechtsfähig sind, finden die Vorschriften über die Gesellschaft Anwendung. Aus einem Rechtsgeschäfte, das im Namen eines solchen Vereins einem Dritten gegenüber vorgenommen wird, haftet der Handelnde persönlich; handeln mehrere, so haften sie als Gesamtschuldner.

2. Eingetragene Vereine.

§ 55. Die Eintragung eines Vereins der im § 21 bezeichneten Art in das Vereinsregister hat bei dem Amtsgerichte zu geschehen, in dessen Bezirke der Verein seinen Sitz hat.

§ 56. Die Eintragung soll nur erfolgen, wenn die Zahl der Mitglieder mindestens sieben beträgt.

§ 57. Die Satzung muß den Zweck, den Namen und den Sitz des Vereins enthalten und ergeben, daß der Verein eingetragen werden soll.

Der Name soll sich von den Namen der an demselben Orte oder in derselben Gemeinde bestehenden eingetragenen Vereine deutlich unterscheiden.

§ 58. Die Satzung soll Bestimmungen enthalten:

1. über den Eintritt und Austritt der Mitglieder;

2. darüber, ob und welche Beiträge von den Mitgliedern zu leisten sind;
3. über die Bildung des Vorstandes;
4. über die Voraussetzungen, unter denen die Mitgliederversammlung zu berufen ist, über die Form der Berufung und über die Beurkundung der Beschlüsse.

§ 59. Der Vorstand hat den Verein zur Eintragung anzumelden.

Der Anmeldung sind beizufügen:

1. die Satzung in Urschrift und Abschrift;
2. eine Abschrift der Urkunden über die Bestellung des Vorstandes.

Die Satzung soll von mindestens sieben Mitgliedern unterzeichnet sein und die Angabe des Tages der Errichtung enthalten.

(Es folgen in den §§ 60—66 Bestimmungen über das Verfahren vor dem Amtsgerichte und der Verwaltungsbehörde.)

§ 67. Jede Aenderung des Vorstandes sowie die erneute Bestellung eines Vorstandsmitglieds ist von dem Vorstande zur Eintragung anzumelden. Der Anmeldung ist eine Abschrift der Urkunde über die Aenderung oder die erneute Bestellung beizufügen.

Die Eintragung gerichtlich bestellter Vorstandsmitglieder erfolgt von Amts wegen.

§ 68. Wird zwischen den bisherigen Mitgliedern des Vorstandes und einem Dritten ein Rechtsgeschäft vorgenommen, so kann die Aenderung des Vorstandes dem Dritten nur entgegengesetzt werden, wenn sie zur Zeit der Vornahme des Rechtsgeschäfts im Vereinsregister eingetragen oder dem Dritten bekannt ist. Ist die Aenderung eingetragen, so braucht der Dritte sie nicht gegen sich gelten zu lassen, wenn er sie nicht kennt, seine Unkenntnis auch nicht auf Fahrlässigkeit beruht.

§ 69. Der Nachweis, daß der Vorstand aus den im Register eingetragenen Personen besteht, wird Behörden gegenüber durch ein Zeugnis des Amtsgerichts über die Eintragung geführt.

§ 70. Die Vorschriften des § 68 gelten auch für Bestimmungen, die den Umfang der Vertretungsmacht des Vorstandes beschränken oder die Beschlußfassung des Vorstandes abweichend von der Vorschrift des § 28 Abs. 1 regeln.

§ 71. Aenderungen der Satzung bedürfen zu ihrer Wirksamkeit der Eintragung in das Vereinsregister. Die Aenderung ist von dem Vorstande zur Eintragung anzumelden. Der Anmeldung ist der die Aenderung enthaltende Beschluß in Urschrift und Abschrift beizufügen.

Die Vorschriften der §§ 60—64 und des § 66 Abs. 2 finden entsprechende Anwendung.

(§ 72 ist ersetzt durch § 22 des Vereinsgesetzes. Es folgen in den §§ 73—76 Bestimmungen über Auflösung und Liquidation dieser Vereine.)

§ 77. Die Anmeldungen zum Vereinsregister sind von den Mitgliedern des Vorstandes sowie von den Liquidatoren mittelst öffentlich beglaubigter Erklärung zu bewirken.

§ 78. Das Amtsgericht kann die Mitglieder des Vorstandes zur Befolgung der Vorschriften des § 67 Abs. 1, des § 71 Abs. 1, des § 72, des § 74 Abs. 2 und des § 76 durch Ordnungsstrafen anhalten. Die einzelne Strafe darf den Betrag von dreihundert Mark nicht übersteigen.

In gleicher Weise können die Liquidatoren zur Befolgung der Vorschriften des § 76 angehalten werden.

§ 79. Die Einsicht des Vereinsregisters sowie der von dem Vereine bei dem Amtsgericht eingereichten Schriftstücke ist jedem gestattet. Von den Eintragungen kann eine Abschrift gefordert werden; die Abschrift ist auf Verlangen zu beglaubigen.

II. Reichsvereinsgesetz

vom 19. April 1908 (RGBl. S. 151).

---

§ 1. Alle Reichsangehörigen haben das Recht, zu Zwecken, die den Strafgesetzen nicht zuwiderlaufen, Vereine zu bilden und sich zu versammeln. Dieses Recht unterliegt polizeilich nur den in diesem Gesetz und anderen Reichsgesetzen enthaltenen Beschränkungen.

Die allgemeinen sicherheitspolizeilichen Bestimmungen des Landesrechts finden Anwendung, soweit es sich um die Verhütung unmittelbarer Gefahr für Leben und Gesundheit der Teilnehmer an einer Versammlung handelt.

§ 2. Ein Verein, dessen Zweck den Strafgesetzen zuwiderläuft, kann aufgelöst werden.

Die Auflösungsverfügung kann im Wege des Verwaltungsstreitverfahrens und wo ein solches nicht besteht, im Wege des Rekurses nach Maßgabe der Vorschriften der §§ 20, 21 der Gewerbeordnung angefochten werden.

Die endgültige Auflösung eines Vereins ist öffentlich bekannt zu machen.

§ 3. Jeder Verein, der eine Einwirkung auf politische Angelegenheiten bezweckt (politischer Verein), muß einen Vorstand und eine Satzung haben.

Der Vorstand ist verpflichtet, binnen einer Frist von zwei Wochen nach Gründung des Vereins die Satzung sowie das Verzeichnis der Mitglieder des Vorstandes der für den Sitz des Vereins zuständigen Polizeibehörde einzureichen. Ueber die erfolgte Einreichung ist eine kostenfreie Bescheinigung zu erteilen.

Ebenso ist jede Aenderung der Satzung sowie jede Aenderung in der Zusammensetzung des Vorstandes binnen einer Frist von zwei Wochen nach dem Eintritte der Aenderung anzuzeigen.

Die Satzung sowie die Aenderungen sind in deutscher Fassung einzureichen. Ausnahmen von dieser Vorschrift können von der höheren Verwaltungsbehörde zugelassen werden.

§ 4. Personenmehrheiten, die vorübergehend zusammentreten, um im Auftrage von Wahlberechtigten Vorbereitungen für bestimmte Wahlen zu den auf Gesetz oder Anordnung von Behörden beruhenden öffentlichen Körperschaften zu treffen, gelten vom Tage der amtlichen Bekanntmachung des Wahltags bis zur Beendigung der Wahlhandlung nicht als politische Vereine.

§ 5. Wer eine öffentliche Versammlung zur Erörterung politischer Angelegenheiten (politische Versammlung) veranstalten will, hat hiervon mindestens 24 Stunden vor dem

Beginne der Versammlung unter Angabe des Ortes und der Zeit bei der Polizeibehörde Anzeige zu erstatten. Ueber die Anzeige ist von der Polizeibehörde sofort eine kostenfreie Bescheinigung zu erteilen.

§ 6. Einer Anzeige bedarf es nicht für Versammlungen, die öffentlich bekanntgemacht worden sind; die Erfordernisse der Bekanntmachung bestimmt die Landeszentralbehörde.

Einer Anzeige bedarf es ferner nicht für Versammlungen der Wahlberechtigten zum Betriebe der Wahlen zu den auf Gesetz oder Anordnung von Behörden beruhenden öffentlichen Körperschaften vom Tage der amtlichen Bekanntmachung des Wahltages bis zur Beendigung der Wahlhandlung.

Das Gleiche gilt für Versammlungen der Gewerbetreibenden, gewerblichen Gehilfen, Gesellen, Fabrikarbeiter, Besitzer und Arbeiter von Bergwerken, Salinen, Aufbereitungsanstalten und unterirdisch betriebenen Brüchen und Gruben zur Erörterung von Verabredungen und Vereinigungen zum Behufe der Erlangung günstiger Lohn- und Arbeitsbedingungen, insbesondere mittels Einstellung der Arbeit oder Entlassung der Arbeiter.

§ 7. Oeffentliche Versammlungen unter freiem Himmel und Aufzüge auf öffentlichen Straßen oder Plätzen bedürfen der Genehmigung der Polizeibehörde.

Die Genehmigung ist von dem Veranstalter mindestens 24 Stunden vor dem Beginne der Versammlung oder des Aufzuges unter Angabe des Ortes und der Zeit nachzusuchen. Sie ist schriftlich zu erteilen und darf nur versagt werden, wenn aus der Abhaltung der Versammlung oder der Veranstaltung des Aufzugs Gefahr für die öffentliche Sicherheit zu befürchten ist. Im Falle der Verweigerung ist dem Veranstalter sofort ein kostenfreier Bescheid mit Angabe der Gründe zu erteilen.

§ 8. Eine Versammlung, die in einem geschlossenen Raume veranstaltet wird, ist nicht schon deshalb als Versammlung unter freiem Himmel anzusehen, weil außerhalb des Versammlungsraums befindliche Personen an der Erörterung teilnehmen, oder weil die Versammlung in einen mit dem Versammlungsraume zusammenhängenden umfriedeten Hof oder Garten verlegt wird.

§ 9. Der Landeszentralbehörde bleibt es überlassen zu bestimmen, daß und unter welchen Voraussetzungen für Versammlungen unter freiem Himmel und Aufzüge die Genehmigung durch Anzeige oder öffentliche Bekanntmachung ersetzt wird.

Gewöhnliche Leichenbegängnisse sowie Züge der Hochzeitsgesellschaften, wo sie hergebracht sind, bedürfen der Anzeige oder Genehmigung nicht. Der Landeszentralbehörde bleibt es überlassen zu bestimmen, daß auch andere Aufzüge der Anzeige und Genehmigung nicht bedürfen, und daß Aufzüge, die durch mehrere Ortschaften führen, nur einer Polizeibehörde angezeigt und von ihr genehmigt zu werden brauchen.

§ 10. Jede öffentliche politische Versammlung muß einen Leiter haben. Der Veranstalter ist berechtigt, die Leitung selbst zu übernehmen, sie einem anderen zu übertragen oder die Wahl des Leiters durch die Versammlung zu veranlassen. Der Leiter oder, solange dieser nicht bestellt ist, der Veranstalter hat für Ruhe und Ordnung in der Versammlung zu sorgen. Er ist befugt, die Versammlung für aufgelöst zu erklären.

§ 11. Niemand darf in einer öffentlichen Versammlung oder einem Aufzuge, der auf öffentlichen Straßen oder Plätzen stattfinden soll, bewaffnet erscheinen, es sei denn, daß er vermöge öffentlichen Berufs zum Waffentragen berechtigt oder zum Erscheinen mit Waffen behördlich ermächtigt ist.

§ 12. Die Verhandlungen in öffentlichen Versammlungen sind in deutscher Sprache zu führen.

Diese Vorschrift findet auf internationale Kongresse sowie auf Versammlungen der Wahlberechtigten zum Betriebe der Wahlen für den Reichstag und für die gesetzgebenden Versammlungen der Bundesstaaten und Elsaß-Lothringens vom Tage der amtlichen Bekanntmachung des Wahltags bis zur Beendigung der Wahlhandlung keine Anwendung.

Die Zulässigkeit weiterer Ausnahmen regelt die Landesgesetzgebung. Jedoch ist in Landesteilen, in denen zur Zeit des Inkrafttretens dieses Gesetzes alteingesessene Bevölkerungsteile nichtdeutscher Muttersprache vorhanden sind, sofern diese Bevölkerungsteile nach dem Ergebnisse der jeweilig letzten Volkszählung sechzig vom Hundert der Gesamtbevölkerung übersteigen, während der ersten 20 Jahre nach dem Inkrafttreten dieses Gesetzes der Mitgebrauch der nichtdeutschen Sprache gestattet, wenn der Veranstalter der öffentlichen Versammlung mindestens dreimal 24 Stunden vor ihrem Beginne der Polizeibehörde die Anzeige erstattet hat, daß und in welcher nichtdeutschen Sprache die Verhandlungen geführt werden sollen. Ueber die Anzeige ist von der Polizeibehörde sofort eine kostenfreie Bescheinigung zu erteilen. Als Landesteile gelten die Bezirke der unteren Verwaltungsbehörden.

Ferner sind, soweit die Landesgesetzgebung Abweichendes nicht bestimmt, Ausnahmen auch mit Genehmigung der Landeszentralbehörde zulässig

§ 13. Beauftragte, welche die Polizeibehörde in eine öffentliche Versammlung (§§ 5, 6, 7, 8, 9, 12) entsendet, haben sich unter Kundgebung ihrer Eigenschaft dem Leiter oder, solange dieser nicht bestellt ist, dem Veranstalter der Versammlung zu erkennen zu geben.

Den Beauftragten muß ein angemessener Platz eingeräumt werden. Die Polizeibehörde darf nicht mehr als zwei Beauftragte entsenden.

§ 14. Die Beauftragten der Polizeibehörde sind befugt, unter Angabe des Grundes die Versammlung für aufgelöst zu erklären,

1. wenn in den Fällen des § 12 Abs. 3 die Bescheinigung über die ordnungsmäßige Anzeige nicht vorgelegt werden kann;
2. wenn die Genehmigung nicht erteilt ist (§ 7);
3. wenn die Zulassung der Beauftragten der Polizeibehörde (§ 13 Abs. 1) verweigert wird;
4. wenn Bewaffnete, die unbefugt in der Versammlung anwesend sind, nicht entfernt werden (§ 11);
5. wenn in der Versammlung Anträge oder Vorschläge erörtert werden, die eine Aufforderung oder Anreizung zu Verbrechen oder nicht nur auf Antrag zu verfolgenden Vergehen enthalten;

6. wenn Rednern, die sich verbotswidrig einer nichtdeutschen Sprache bedienen (§ 12), auf Aufforderung der Beauftragten der Polizeibehörde von dem Leiter oder Veranstalter der Versammlung das Wort nicht entzogen wird.

Ist eine Versammlung für aufgelöst erklärt worden, so hat die Polizeibehörde dem Leiter der Versammlung die mit Tatsachen zu belegenden Gründe der Auflösung schriftlich mitzuteilen, falls er dies binnen drei Tagen beantragt.

§ 15. Auf die Anfechtung der Auflösung einer Versammlung finden die Vorschriften des § 2 Abs. 2 Anwendung.

§ 16. Sobald eine Versammlung für aufgelöst erklärt ist, sind alle Anwesenden verpflichtet, sich sofort zu entfernen.

§ 17. Personen, die das achtzehnte Lebensjahr noch nicht vollendet haben, dürfen nicht Mitglieder von politischen Vereinen sein und weder in den Versammlungen solcher Vereine, sofern es sich nicht um Veranstaltungen zu geselligen Zwecken handelt, noch in öffentlichen politischen Versammlungen anwesend sein.

§ 18. Mit Geldstrafe bis zu einhundertfünfzig Mark, an deren Stelle im Unvermögensfalle Haft tritt, wird bestraft:

1. wer als Vorstand oder als Mitglied des Vorstandes eines Vereins den Vorschriften über die Einreichung von Satzungen und Verzeichnissen (§ 3 Abs. 2 bis 4) zuwiderhandelt;
2. wer eine Versammlung ohne die durch §§ 5, 6, 7, 8, 9 dieses Gesetzes vorgeschriebene Anzeige oder Bekanntmachung veranstaltet oder leitet;
3. wer als Veranstalter oder Leiter einer Versammlung den Beauftragten der Polizeibehörde die Einräumung eines angemessenen Platzes verweigert (§ 13 Abs. 2);
4. wer sich nach Erklärung der Auflösung einer Versammlung nicht sofort entfernt (§ 16);
5. wer als Vorstand oder als Mitglied des Vorstandes eines Vereins entgegen den Vorschriften des § 17 dieses Gesetzes Personen, die das achtzehnte Lebens-

jahr noch nicht vollendet haben, in dem Vereine duldet;

6. wer entgegen den Vorschriften des § 17 dieses Gesetzes in einer Versammlung anwesend ist.

§ 19. Mit Geldstrafe bis zu dreihundert Mark, an deren Stelle im Unvermögensfalle Haft tritt, oder mit Haft wird bestraft:

1. wer eine Versammlung unter freiem Himmel oder einen Aufzug ohne die vorgeschriebene Anzeige oder Genehmigung (§§ 7, 9) veranstaltet oder leitet;
2. wer unbefugt in einer Versammlung oder in einem Aufzuge bewaffnet erscheint (§ 11);
3. wer entgegen den Vorschriften des § 12 dieses Gesetzes eine öffentliche Versammlung veranstaltet, leitet oder in ihr als Redner auftritt.

§ 20. Die Vorschriften dieses Gesetzes finden keine Anwendung auf die durch das Gesetz oder die zuständigen Behörden angeordneten Versammlungen.

§ 21. Welche Behörden unter der Bezeichnung „Polizeibehörde", „untere Verwaltungsbehörde" und „höhere Verwaltungsbehörde" zu verstehen sind, bestimmt die Landeszentralbehörde.

§ 22. An die Stelle des § 72 des Bürgerlichen Gesetzbuchs tritt folgende Vorschrift:

Der Vorstand hat dem Amtsgericht auf dessen Verlangen jederzeit eine von ihm vollzogene Bescheinigung über die Zahl der Vereinsmitglieder einzureichen.

§ 23. Aufgehoben werden

der § 17 Abs. 2 des Wahlgesetzes für den deutschen Reichstag vom 31. Mai 1869 (Bundes-Gesetzbl. S. 145, Reichs-Gesetzbl. 1873 S. 163),

der § 2 Abs. 2 des Einführungsgesetzes zum Strafgesetzbuche für das Deutsche Reich vom 31. Mai 1870 (Bundes-Gesetzbl. S. 195, Reichs-Gesetzbl. 1871 S. 127), soweit er sich auf die besonderen Vorschriften des Landesstrafrechts über Mißbrauch des Vereins- und Versammlungsrechts bezieht, der § 6 Abs. 2 Nr. 2 des Einführungsgesetzes zur Strafprozeßordnung vom 1. Februar 1877 (Reichs-Gesetzbl. S. 346).

Die sonstigen reichsgesetzlichen Vorschriften über Vereine und Versammlungen bleiben in Kraft.

§ 24. Unberührt bleiben

die Vorschriften des Landesrechts über kirchliche und religiöse Vereine und Versammlungen, über kirchliche Prozessionen, Wallfahrten und Bittgänge, sowie über geistliche Orden und Kongregationen,

die Vorschriften des Landesrechts in bezug auf Vereine und Versammlungen für die Zeiten der Kriegsgefahr, des Krieges, des erklärten Kriegs- (Belagerungs-) Zustandes oder innerer Unruhen (Aufruhrs),

die Vorschriften des Landesrechts in bezug auf Verabredungen ländlicher Arbeiter und Dienstboten zur Einstellung oder Verhinderung der Arbeit,

die Vorschriften des Landesrechts zum Schutze der Feier der Sonn- und Festtage; jedoch sind für Sonntage, die nicht zugleich Festtage sind, Beschränkungen des Versammlungsrechts nur bis zur Beendigung des vormittägigen Hauptgottesdienstes zulässig.

§ 25. Dieses Gesetz tritt am 15. Mai 1908 in Kraft.

III. Preußische Ausführungsverordnung zum Vereinsgesetz

vom 8. Mai 1908.

1. Das Reichsvereinsgesetz schreibt im § 5 für die Veranstaltung öffentlicher Versammlungen zur Erörterung politischer Angelegenheiten eine Anzeige bei der Polizeibehörde vor, die mündlich oder in jeder schriftlichen Form (Brief, Postkarte, Telegramm) erfolgen kann. An Stelle dieser An-

zeige läßt es nach § 6 Abs. 1 auch die öffentliche Bekanntmachung zu, deren Erfordernisse die Landeszentralbehörde zu bestimmen hat. Diese Bekanntmachung muß so gestaltet werden, daß die Polizei bei pflichtmäßiger Aufmerksamkeit rechtzeitig Kenntnis von dem Stattfinden der Versammlung erhalten kann.

Demgemäß wird bestimmt, daß es der im § 5 des Reichsvereinsgesetzes vorgeschriebenen Anzeige für Versammlungen, die öffentlich bekannt gemacht worden sind, nicht bedarf, wenn die Bekanntmachung folgenden Erfordernissen genügt:

1. Bekanntmachung durch Zeitungen.

a) Die Bekanntmachung durch Zeitungen muß in deutscher Sprache abgefaßt und in einer der Zeitungen erfolgt sein, die hierzu für die Gemeinde, in deren Bezirk die Versammlung stattfinden soll, von dem Landrat, in den Hohenzollernschen Landen von dem Oberamtmann, in Stadtkreisen von der Ortspolizeibehörde, in Berlin von dem Polizeipräsidenten bestimmt sind. Für jede Gemeinde müssen wenigstens zwei Zeitungen bestimmt werden, unter denen sich wenigstens eine täglich (abgesehen von den durch Sonn- und Feiertage bedingten Unterbrechungen) erscheinende Zeitung befinden muß.

b) Die Bekanntmachung muß die Ueberschrift tragen: Oeffentliche politische Versammlung. Es muß sich aus ihr Zeit und Ort der geplanten Versammlung, sowie der Name, der Wohnort und die Wohnung des Veranstalters ergeben.

c) Die Zeitungsnummer, in der die Bekanntmachung erfolgt ist, muß so zur Ausgabe gelangt sein, daß sie bei ordnungsmäßiger Bestellung mindestens 24 Stunden vor dem Beginn der Versammlung in den Händen der für die Entgegennahme der Anzeige zuständigen Behörde sein kann. Bei Zeitungen, die innerhalb des Polizeibezirks des Versammlungsorts erscheinen, wird diesem Erfordernis genügt, wenn die betreffende Zeitungsnummer mindestens 24 Stunden vor Beginn der Versammlung zur Ausgabe gelangt ist.

2. Bekanntmachung durch Anschlag.

Die Bekanntmachung kann durch Anschlag geschehen, wenn die Versammlung in einer Gemeinde veranstaltet wird, in der öffentliche Einrichtungen (Säulen, Anschlagstafeln) für den Anschlag von Ankündigungen mittels Plakats bestehen. Die Bekanntmachung muß in deutscher Sprache abgefaßt sein und den Erfordernissen zu 1 b genügen. Der Anschlag muß an den im Gemeindebezirk, bei Gemeinden, die in Polizeireviere eingeteilt sind, an den im Polizeirevier des Versammlungslokals vorhandenen öffentlichen Anschlagssäulen oder -tafeln mindestens 24 Stunden vor dem Beginn der Versammlung erfolgt sein.

II. Nach § 12 Absatz 1 des Reichsvereinsgesetzes sind die Verhandlungen in öffentlichen Versammlungen, abgesehen von den im § 12 Absatz 2 und 3 bezeichneten Ausnahmen, in deutscher Sprache zu führen.

Nach § 12 Absatz 4 sind weitere Ausnahmen mit Genehmigung der Landeszentralbehörde zulässig. Demgemäß wird bestimmt, daß für Verhandlungen in öffentlichen Versammlungen

in den Regierungsbezirken Königsberg und Gumbinnen der Mitgebrauch der litauischen Sprache,

in den Regierungsbezirken Königsberg, Gumbinnen und Allenstein der Mitgebrauch der masurischen Sprache,

in den Regierungsbezirken Frankfurt a. O. und Liegnitz der Mitgebrauch der wendischen Sprache,

in dem Kreise Malmedy des Regierungsbezirks Aachen der Mitgebrauch der wallonischen und der französischen Sprache

gestattet ist.

Für die Verhandlungen in öffentlichen Versammlungen ist in denjenigen Amtsbezirken des Kreises Tondern im Regierungsbezirk Schleswig, in denen nach dem Ergebnis der jeweilig letzten Volkszählung die Bevölkerung dänischer Muttersprache sechzig vom Hundert der Gesamtbevölkerung übersteigt, der Mitgebrauch der dänischen Sprache unter denselben Bedingungen gestattet, wie nach § 12 Absatz 3 des Reichsvereinsgesetzes in den dort bezeichneten Landesteilen.

Den Regierungspräsidenten und für Berlin dem Polizeipräsidenten in Berlin wird die Ermächtigung erteilt, in besonderen Fällen den Mitgebrauch einer nichtdeutschen Sprache in öffentlichen Versammlungen zu gestatten.

III. Im Sinne des Reichsvereinsgesetzes ist unter der Bezeichnung „Polizeibehörde" die Ortspolizeibehörde, unter der Bezeichnung „Untere Verwaltungsbehörde" der Landrat, in den Hohenzollernschen Landen der Oberamtmann, in Stadtkreisen die Gemeindebehörde, unter Bezeichnung „Höhere Verwaltungsbehörde" der Regierungspräsident, im Landespolizeibezirk Berlin der Polizeipräsident von Berlin zu verstehen.

Berlin, den 8. Mai 1908.

Der Minister des Innern.
v. Moltke.

Sachregister.

A.

R.

S.

T.

U.

V.

W.

Z.

Druck von A. W. Hayn's Erben, Potsdam.

Bürgerliches Rechts-Lexikon.

Nach dem
Bürgerlichen Gesetzbuch, dem Handelsgesetzbuch
und sonstigen Reichs- und Landesgesetzen

bearbeitet von

Amtsgerichtsrat E. Christiani.

Dritte, wesentlich vermehrte und verbesserte Auflage.

Lex. 8°. Preis gebunden 11 Mk. 20 Pf.

Das Buch bildet ein wertvolles Nachschlagewerk, das jedermann in den Stand setzt, sich über unser bürgerliches Recht rasch und bequem zu unterrichten. Außer dem Bürgerlichen Gesetzbuche und dem Handelsgesetzbuche sind auch alle sonstigen, in das bürgerliche Recht einschlagenden Einzelgesetze berücksichtigt, so daß der Leser nicht leicht eine Auskunft über irgendeine Frage vermissen wird.

FSC
www.fsc.org
MIX
Papier | Fördert
gute Waldnutzung
FSC® C083411

Kolibri 360 GmbH
Ferdinand-Jühlke-Straße 7
99095 Erfurt, Deutschland
produktsicherheit@kolibri360.de